Le même ouvrage, 1 volume in-18. — En vente, à Paris, chez CHALLAMEL aîné, éditeur, 5, rue Jacob, Prix : 4 fr.

L'AFRIQUE

OCCIDENTALE

EN VENTE

Chez CHALLAMEL aîné, rue Jacob, 5, Paris

PAUL SOLEILLET

EXPLORATION DU SAHARA CENTRAL

AVENIR
DE
LA FRANCE EN AFRIQUE
Br. in-8°. — Prix : 3 fr.

INTRODUCTION. — I. De l'influence que devraient nous donner en Afrique nos colonies de l'Algérie et du Sénégal. — II. Routes commerciales du Sahara. — III. Causes qui ont ait cesserlesrelations de l'Algérie avec l'Afrique centrale. — IV. Moyens proposés pour ramener en Algérie le commerce de l'Afrique centrale. — V. Établissement indispensable d'un Consul français dans le Sahara central. — VI. Commerce du Sahara avec l'Afrique du Nord et le Soudan. — VII. Chemin de fer d'Alger à Tombouctou et St-Louis. — VIII. Fertilisation du Sahara. — IX. Abolition de l'esclavage dans l'Afrique Occidentale par le peuplement du Sahara. — Conclusion. — PIÈCES JUSTIFICATIVES. — A Lettre du Dr Warnier, député d'Alger, à M. le Président de la Chambre de Commerce d'Alger. — B Rapport de la Chambre de Commerce d'Alger à M. le Gouverneur général civil de l'Algérie, sur l'exploration commerciale et scientifique de M. Paul Soleillet à l'oasis d'In-Çalah. — C Lettre de M. le Gouverneur général civil de l'Algérie à la Chambre de Commerce d'Alger (réponse à son rapport). — Post-Face.

PAUL SOLEILLET.
(Juin 1874)
d'après une photographie de James Geisser d'Alger.

PAUL SOLEILLET

L'AFRIQUE OCCIDENTALE

ALGÉRIE, MZAB, TILDIKELT

PRIX : **10** FRANCS

(Tiré à 100 exemplaires)

AVIGNON
IMPRIMERIE DE F. SEGUIN AÎNÉ
13 rue Bouquerie, 13

1877

A MA MÈRE

Madame Anaïs SOLEILLET, née BOYER-DURAND

> Voulant te faire connaître deux années passées loin de toi, j'ai écrit ce livre ; je te l'offre aujourd'hui en témoignage d'amour et de respect.
>
> Septembre 1877.
>
> Paul SOLEILLET.

L'AFRIQUE OCCIDENTALE

ALGÉRIE -- MZAB -- TILDIKELT

PREMIÈRE PARTIE

I

INTRODUCTION

Le samedi 6 septembre 1872, je m'embarque à Marseille pour l'Algérie ; je quitte la France avec l'intention bien arrêtée d'accomplir une exploration, **d'Alger à l'oasis d'In-Çalah**, objet de mes constantes préoccupations, et à laquelle je me prépare depuis 1866, par des voyages et des séjours dans l'Afrique du Nord, au cours desquels je me suis initié à la langue, aux mœurs et aux usages des indigènes et en colligeant, dans le silence du cabinet, les récits des voyageurs, les écrits des économistes, aussi bien que les livres des historiens et des géographes, tant anciens que modernes, qui se sont occupés de l'Afrique.

Je n'ai rien épargné pour rendre cette première préparation (elle a duré six ans) aussi complète que possible, car, voulant amener par l'Algérie et le Sénégal, un échange suivi de relations de commerce et d'amitié entre l'Europe et l'Afrique centrale, je suis résolu à parcourir à pied la route

route qui doit réunir nos deux colonies africaines au Niger et les joindre entre elles ; route qui partant soit d'Alger, soit du Sénégal, aboutit à Tombouctou, c'est-à-dire au point où le grand fleuve de l'Afrique occidentale pénètre dans son cours sinueux le plus en avant dans l'intérieur du continent.

Jusqu'à présent, de cette route, qu'il nous importe tant cependant de connaître, car elle va de l'Océan à la Méditerranée, de l'Algérie au Sénégal, deux tiers seulement sont explorés ; Le premier tiers, celui de l'Océan à Tombouctou, par Réné Caillé, qui, parti du Sénégal, entrait déguisé en derviche, le 20 mai 1828, au coucher du soleil, dans la ville sainte du Sahara méridional. Un seul voyageur avait pu avant lui y pénétrer, c'était le major anglais Gordon Laing ; assassiné entre Tombouctou et Araouan en septembre 1826, sur l'ordre d'Ahmed Ould-Adeda Ould-el-Rahal, chef des Berâbich et d'Ahmed-el-Habib, chef de la ville d'Araouan, à qui il s'était confié, après avoir été expulsé de Tombouctou par des Foulbé. Depuis Réné Caillé, un seul voyageur européen a revu cette cité ; c'est le docteur allemand Henri Barth.

Le deuxième tiers de cette route, celui de la Méditerranée à l'Oasis d'In-Çalah, a été exploré par moi. Parti d'Alger j'arrivai, avouant hautement mes qualités de français et de chrétien, le 6 mars 1874, à 6 heures du matin, *dans ce mystérieux Oasis d'In-Çalah plus impénétrable aux chrétiens que Tombouctou* (HENRI DUVEYRIER : *Les Touareg du Nord*). Avant moi deux seuls Européens avaient vu cette oasis, le major anglais Gordon Laing, et l'allemand Gérhard Rohlfs, qui, lui, voyageait comme musulman, mais l'anglais venait de Ghadamès et se rendit à Tombouctou, l'allemand du Tafilalet et rentra en Europe par Ghadmès. Ils n'avaient donc ni l'un ni l'autre reconnu la route de l'Algérie au Tildikelt, qui serait encore inconnue sans mon expédition; les seuls voyageurs chrétiens qui, depuis mon retour, ont essayé d'atteindre In-Çalah, trois missionnaires catholiques français les Pères Paulmier, Bouchamp et Minoret, ayant eu la tête tranchée, au mois de janvier 1876, sur un point encore indéterminé, entre l'oasis d'El-Goléa et l'oasis d'In-Çalah.

Avant de commencer le récit de mes dernières explorations en Afrique, qu'il me soit permis de dire ce qui pour moi constitue un voyageur ; actuellement ce nom est prodigué à une foule de gens, très-respectables d'ailleurs, mais qui ne le méritent nullement. Qu'un monsieur aille dans des contrées éloignées ou peu connues faire de la linguistique, de l'archéologie, de la minéralogie, de la botanique, etc., etc., immédiatement il est classé parmi les voyageurs, et, s'il est célèbre dans sa spécialité, il devient un grand voyageur. Or le botaniste, l'archéologue, etc., etc., ne sont pas plus des voyageurs que ne l'est le topographe qui ne songe en route qu'à faire des levés réguliers.

Un voyageur est un homme qui va dans des contrées inconnues et qui pourra dire au retour, non telle ville est par tant de degrés, tant de secondes; dans tel endroit se trouve telle coquille ou telle plante, mais bien simplement :

J'étais là ; telle chose m'advint.

Après ce pionnier, qui a reconnu le pays, ouvert la route, viendront les savants à qui il appartient de construire des cartes, de faire des collections, des dictionnaires, etc., etc. Ce ne sont point là des travaux de voyageurs, à eux seulement échoit le rôle de recueillir des renseignements généraux sur toutes les choses, et si malheureusement un voyageur a une spécialité scientifique, il se laisse aller à en exagérer l'importance ; et le plus souvent il ne voit que la plante, où il fallait étudier une région, que l'insecte ou la pierre là où toute la nature était à considérer.

Pour moi je ne connais parmi les voyageurs modernes qu'un seul homme qui ait eu assez de science, pour voir aussi bien les hommes et les choses qu'aurait pu le faire un ignorant ; mais il s'appelait **Alexandre de Humbolt**.

II

OASIS DE LAGHOÑAT

Parti de Marseille le 6 septembre 1872, j'arrive le 30 du même mois dans l'oasis de Laghouat, ce doit être pour moi un centre où je vais préparer mon exploration de l'Algérie au Tildikelt.

Laghouat, située à 440 kilomètres au Sud d'Alger et à 780 mètres d'altitude au-dessus de la Méditerranée, se trouve en plein Sahara. Cette ville est construite sur le versant de deux collines s'élevant au milieu d'une plaine sableuse traversée par l'oued Mezi, elle est défendue par une muraille de pierre et entourée d'une ceinture de magnifiques jardins.

Ces jardins, comme tous ceux des oasis du désert, ont une beauté spéciale, mais elle est grande : ils sont complantés de palmiers, dont les branches vertes tamisent en l'adoucissant l'éclat de la lumière blanche que verse à torrent un ciel d'une sérénité sans pareille ; elles s'agitent mollement dans l'air, en le rafraîchissant comme des éventails de plumes diaprées. Chatoyantes au soleil, les couleurs de leurs palmes vertes aux taches noires s'irisent comme de la pierre ou du métal poli ; leurs troncs gris, aux écailles régulières, ont un aspect architectural ; ils sont souvent gracieusement entourés de clématites et de campanules aux fleurs roses et bleues. A ces troncs la vigne suspend ses pampres, et, allant de l'un à l'autre, forme d'élégants arceaux. Des arbres aux feuillages divers croissent à leur ombre ; des rosiers, des jasmins, des tubéreuses embaument l'air de leurs chaudes senteurs : tout est couvert d'une végétation vivace, au milieu de laquelle coule lentement l'eau des *seguia*.

Presque tout est vert, mais la lumière est si belle, si blanche, si pure, les objets se présentent avec des formes si nettes et si arrêtées, les couleurs sont si vraies et les moindres tons s'offrent d'une façon si vigoureuse, que l'on est saisi d'une admiration profonde, et, quand la réflexion vient faire discuter la sensation éprouvée, l'on est étonné de voir qu'elle n'a été produite que par une couleur bien éclairée.

Si, quittant les jardins, l'on rentre dans la ville, l'on se trouve bientôt sur une place coquettement plantée de palmiers et de mûriers, où viennent aboutir toutes les rues de Laghouat et d'où l'on a vue sur les jardins de l'oasis. Elle est entourée par des constructions élégantes : au Nord l'hôtel du commandant supérieur et le cercle militaire ; au Sud le Génie, le bureau arabe et ses dépendances ; à l'Est un bazar de style mauresque, orné d'une horloge ; à l'Ouest de grandes maisons bâties à la française et dans lesquelles se trouvent la poste, des cafés et autres boutiques indigènes.

Sur cette place, lieu de rendez-vous de la population, on voit près du marabout, accroupi sur un banc, qui égrène son chapelet, des bédouins assis par terre, comptant et recomptant l'argent qu'ils viennent de toucher pour le prix d'une vente. Des officiers se promènent en fumant, et, au milieu de tout cela, grouillent des polissons indigènes (*les oulad plaça*), enfants de la place, jeunes galopins qui croupissent dans la plus grande abjection ; ils vivent de paresse, et font le plus sale des métiers, car, lorsqu'ils ne spéculent pas sur leurs charmes, ils servent d'intermédiaires aux filles publiques de Laghouat.

Prenons la rue qui, partant de la place, se dirige vers le couchant : nous arrivons auprès de la colline au sommet de laquelle est construit l'hôpital, grand bâtiment carré en pierre de taille, surmonté d'une terrasse entourée de créneaux de forme turque.

Malgré la chaleur, les mouches, la poussière, il faudra monter sur cette terrasse à un moment de plein soleil ; de là on jouira du panorama complet de l'oasis, et on verra le désert dans sa sévère beauté qui commande le respect.

Si de cette terrasse l'on regarde le Midi, on voit à perte de vue une plaine monochrome toute grise ; ses mouvements la font ressembler à une mer agitée qui se serait subitement solidifiée. Cette immensité immuable et silencieuse du désert paraît encore plus immense que celle de la mer. L'atmosphère du Sahara ne contenant que très-peu d'humidité permet à la vue de percevoir un horizon plus étendue, et la fixité des ondulations font saisir un très-grand nombre de plans à la fois ; dans la mer au contraire, une vague forme limite à une autre vague, et l'œil, occupé par le mouvement des vagues, leurs formes et leurs couleurs, doit saisir un nombre bien moins grand de plans. Dans la

Méditerranée, seule mer dont j'ai à loisir, par tous les temps, interrogé les aspects, soit des côtes, soit du pont d'un navire, outre les formes multiples des vagues, l'on distingue, lorsqu'elle est agitée, trois couleurs et une infinité de nuances ; le sommet des vagues est blanc, le corps en est bleu et l'espace compris entre elles est vert : le Sahara, lui, est d'une seule couleur, sans mouvement, sans bruit !

Il y a bien dans cette plaine des *daya* avec de grands arbres, de verts paturâges et de plantureux oasis ; mais ils se trouvent dans les dépressions du terrain, et l'œil ne perçoit que le sommet des ondulations du désert.

Si de cette même terrasse de l'hôpital le regard se dirige vers l'Ouest et le Nord, on verra un immense cercle de montagnes, remarquables par leurs formes régulières ; à l'Est et tout près de l'oasis sont des collines grisâtres, aux flancs desquelles s'aperçoivent des plaques blanches et brillantes : ce sont des bancs d'albâtre oriental.

Il faut, avant de descendre, jeter un coup d'œil sur un faubourg de Laghouat, habité exclusivement par des indigènes ; il est de construction récente et se nomme Chepted. Les maisons en ont été bâties par des Laghoutia ; ils avaient abandonné l'oasis en 1852, au moment de l'arrivée des Français, et plus tard, lorsqu'ils revinrent, ils trouvèrent leurs biens séquestrés, et, pour des motifs politiques, l'autorisation de construire dans l'enceinte de la ville leur fut refusée.

De l'hôpital, l'on plonge sur ces habitations ; quelques-unes mêmes sont presque adossées à la muraille méridionale de Langhouat, qui touche les murs de l'hospice ; l'on peut aussi, sans quitter le terrain, les saisir dans tous leurs détails. Généralement à un seul étage, couvertes par des toits-terrasses, elles ont toutes une cour intérieure entourée d'arcades. Le rez-de-chaussée est occupé par des magasins, où sont serrées les provisions : dattes, orge, blé, huile, laine, etc., etc.; autour de la galerie du premier sont les chambres ; elles ne prennent jour que sur la cour.

La plupart des rues de Laghouat sont larges, tirées au cordeau et bordées de constructions à arcades de belle apparence, elles sont cependant presque toutes bâties en briques de terre séchées simplement au soleil et appelées *tolb*.

La population de cet oasis peut se diviser en trois élément bien distincts : les **militaires**, les **civils**, les **indigènes**.

Les militaires ont entre leurs mains l'administration, la justice, en un mot tout ce qui constitue le gouvernement. L'organisation de nos territoires militaires de l'Algérie est analogue à celle des Turcs. Nos cercles correspondent aux nayé de l'empire Ottoman, et les commandants supérieurs français, comme les Kaïma-Kantures, sont toujours pris dans l'armée sans distinction d'armes et de grade. Les uns et les autres administrent avec le concours d'un conseil local choisi par l'autorité.

Dans les nayé turcs de l'Afrique, la justice est

rendue par deux Koudat, l'un du rite Hannefitte, ayant sous sa direction les employés, les Turcs et les Israélites ; l'autre du rite Malekite, pour les indigènes; ces Koudat sont aussi chargés de la rédaction des actes publics.

A Loghouat, il existe un Kadhi du rite Malekite pour les Musulmans ; les Européens et les Israélites sont soumis à la juridiction du commandant de la place, qui est aussi chargé de la rédaction de leurs actes publics.

Le commandant du cercle est le chef de l'administration municipale ; un conseil nommé par l'autorité supérieure de la subdivision lui est adjoint. Il y a aussi, sous le nom d'adjoint civil, un français, ancien sous-officier, revêtu de quelques attributions municipales, et qui tient place d'officier de l'état-civil; le brigadier de gendarmerie remplit les fonctions d'huissier et de commissaire-priseur.

Les militaires sont nombreux à Laghouat, où se trouve une colonne mobile, composée de deux escadrons de cavalerie, deux bataillons d'infanterie de ligne et une compagnie du bataillon d'Afrique; l'artillerie et le génie y sont aussi représentés par des officiers et des soldats de ces armes. Les services administratifs de l'armée sont sous les ordres d'un sous-intendant, qui a la direction des campements, hôpitaux, ambulance, manutention.

Les civils de Laghouat, sauf l'employé du trésor, celui de la poste et celui des lignes télégraphiques, vivent tous de négoce. En dehors de quelques achats de laine, leur commerce consiste spécialement à vendre des objets de consommations, tels qu'épiceries, viande, pain ; à ces divers commerces ils ont, hélas ! presque tous joint un débit de boissons. Il y a aussi parmi eux quelques ouvriers, maçons, charpentiers, serruriers, menuisiers, cordonniers, etc.

Un fait se constate ici ; il est de nature à empêcher de désespérer de l'avenir : il y a à Laghouat des Français, nés en plein Sahara, mariés dans le Sahara à des Européennes qui y sont également nées, et ayant des enfants qui se portent admirablement bien, et possédés de cette passion du clocher caractéristique de notre race, et ce clocher est celui d'une oasis du grand désert !!!

Ces enfants Européens s'élèvent avec les enfants des indigènes ; les uns et les autres usent des deux langues : les Français savent l'arabe, et les Arabes parlent français. Quelques étrangers, surtout des Espagnols, vivent à Laghouat confondus avec les Français.

L'instruction est donnée à cette population par un instituteur primaire pour les garçons ; à cet instituteur est adjoint un maître indigène, l'école étant fréquentée par des élèves musulmans, juifs et chrétiens. Il y a aussi une école communale pour les filles.

Dès les premiers jours de la conquête, un prêtre, avec le titre de curé de la ville et d'aumônier de la colonne, fut installé à Laghouat, érigée en paroisse. Il ouvrit immédiatement chez lui une classe où il reçut gratuitement et indistinctement tous les enfants chrétiens ou musulmans. Grâce à cette classe, encore existante aujourd'hui et toujours très fréquentée par les enfants musulmans, presque tous les indigènes, de moins de trente-cinq ans, parlent très-bien le français à Laghouat; ils sont en cela plus avancés que ceux d'Alger et des autres grandes villes du Tell.

Les indigènes représentaient pour moi, non la classe la plus intéressante (*incontestablement c'est celle des civils*), mais celle qu'il m'importait le plus de connaître : n'était-ce pas eux seuls qui pouvaient faciliter l'exécution du grand voyage que je méditais.

La ville de Laghouat, qui se trouve placée sur la route directe de l'Algérie au Niger moyen, a toujours été considérée par les habitants de l'Afrique occidentale comme une sorte de capitale, ils l'appellent l'Alger du Sahara; cette ville est très-ancienne, elle dépendait jadis du Maroc, qui la céda, en 1690 ou 95, aux Turcs.

Cette oasis est placée sous l'autorité de la France depuis 1844, époque où le général Marey-Monge donna l'investiture, en qualité de Kalifa, à Ahmed-ben-Salem, chef de Laghouat, qui avait envoyé, en 1843, son frère Yaya-ben-Salem, avec des chevaux de *gada*, faire sa soumission à la France. Plus tard, à la suite d'une révolte, Laghouat fut prise d'assaut par les Français, qui l'administrent directement depuis 1852.

Les Laghoutia étaient alors divisés, comme ils le sont encore, en deux partis ou *çoff* bien distincts.

A la tête de l'un, se trouve la famille de notre ancien Kalifa, Ahmed-ben-Salem; ce *çoff* est pleinement dévoué à la France, représentée par **l'autorité militaire**. A la tête de l'autre, qui paraît également aujourd'hui dévoué à la France, mais représentée par **l'autorité civile**, se trouve un chérif du nom de Molay-Ali, qui descend de Hadj-Aissa, le grand marabout de Laghouat, celui-là même qui passe chez les musulmans pour avoir, il y a deux siècles, prédit la conquête de l'Algérie par les chrétiens, dans une prophétie célèbre où l'on peut lire :

Publie, ô crieur, publie ce que j'ai vu hier en songe.

La calamité qui viendra est un mal qui surpasse tous les maux imaginables; les yeux n'ont rien vu de pareil. L'homme abandonnera son enfant. Il nous viendra un bey soumis aux chrétiens. Son cœur sera dur; il se lèvera contre mon maître d'origine noble, dont le cœur est doux, qui est beau et prudent, et dont le commandement est juste.

Publie, dis: Tranquillisez-vous ; ce qui est arrivé les a dispersés : ils se sont réfugiés derrière l'étang salé, ils sont montés sur la cime du Kahar ; leurs chrétiens ont quitté Oran.

Le sultan sera juste et équitable, il soumettra les Arabes, il sera le destructeur des traîtres, un glaive exterminateur pour eux. (cité par **Charles Richard**, ancien élève de l'Ecole Polytechnique, dans son étude sur l'**Insurrection du Dhara**, pages 93 et 94. — Alger. A. Besanceney, 1 vol. in-8°, 1846).

L'autorité de l'Hadj-Aissa était grande, elle s'étendait jusqu'à Ouargla. Une tribu du Djebel-Amour, celle des Oulad-Yacoub, paye encore aujourd'hui la zirara à sa famille. C'est sur le çoff des descendants de l'Hadj-Aissa que s'était appuyé, en

1838 et 1839, Ab-del-Kader, lorsqu'il voulut s'emparer de Laghouat et des queçour de la confédération alors existante des Laghouatia. Molay-Ali et son parti s'intitulent actuellement **parti civil** ; lui et tous les indigènes qui sont avec lui réclament, par tous les moyens en leur pouvoir, l'introduction du régime civil dans le cercle de Laghouat.

L'on croit généralement que des rapports d'amitié entre chrétiens et musulmans ne sont pas possible : non-seulement ils le sont, mais on peut même les appuyer sur le Coran, où l'on lit :

« Si Dieu l'avait voulu, il aurait fait de vous tous
« un seul peuple ; mais il a voulu éprouver votre
« fidélité à observer ce qu'il vous a donné. Courez
« à l'envi les uns des autres vers les bonnes actions, vous retournerez à Dieu ; il vous éclairera
« lui-même la matière de vos disputes. » (**La Table**, 53).

Mohamed lui-même a donné l'exemple de ces liaisons : il y avait à la Mecque un orfèvre chrétien, nommé *Djebr*, chez qui le prophète allait souvent.

Pour moi, usant d'un procédé bien simple, il m'a toujours réussi, je ne tardai pas à avoir des relations affectueuses avec des indigènes des deux çoff : pour cela je n'eus qu'à recevoir les Musulmans qui venaient chez moi, comme j'aurais reçu des Européens. J'évite soigneusement cette prétendue couleur locale qui fait tutoyer les indigènes en français, et autres habitudes pareilles ; elles sont toujours inconvenantes et elles deviennent des insolences lorsqu'elles s'adressent à des gens qui, par leur âge, leur caractère, leur position, méritent des égards. Lorsqu'un musulman me reçoit, j'exige qu'il me traite comme il traiterait un arabe de ma condition, et je me prête volontiers à divers petits détails de politesse locale, tels que de quitter ma chaussure avant de marcher sur des tapis, de me servir exclusivement pour boire et manger de la main droite, etc.

Sur de pareilles bases, les relations sont faciles, et un homme qui n'appartient *ni à l'armée ni à l'administration*, peut promptement conquérir l'amitié des indigènes et être initié à leur vie.

La société musulmane de Laghouat se compose surtout d'anciennes familles du pays ; ce sont les Laghouatia (au singulier Laghouati) proprement dits. Ils se marient entre eux, à l'exception des grandes familles, de l'aristocratie, dont les fils prennent leurs femmes chez les nomades ; là ils trouvent un sang plus riche et, dans les tribus de leurs épouses, un point d'appui sérieux pour servir leur influence.

La bourgeoisie et les petites gens de l'oasis, énervés par des mariages consanguins et par une existence casanière, sont ce que l'on appelle dans le Sahara les queçouria (au singulier queçouri).

Les queçouria sont généralement petits, leurs chairs sont blanches et molles ; ils ont le système bilieux peu développé, souvent ils sont complétement glabres, presque toujours blonds et de ce blond terne que nous autres provençaux nommons *Canebe* (chanvre, filasse) ; d'un tempérament lymphatique, ils ont les mœurs douces et les habitudes tranquilles de nos petits rentiers de province ; aussi passent-ils leur temps au café à jouer au loto et au domino et dans les jardins à voir travailler leurs domestiques ou leurs nègres. Jamais ils ne voyagent, ne chassent; tout les fatigue, le froid, le chaud; il ne peuvent supporter ni la faim ni la soif, et ne sauraient non plus prendre part aux repas homériques de la tente.

Ils se logent dans des maisons bâties en briques cuites au soleil, *tolb*; elles ont des pièces basses et étroites, sans autre ouverture qu'une porte; pour meuble, il n'y a que des tapis ou des nattes.

Leur nourriture consiste, le matin au déjeûner, en quelques dattes; le soir au dîner, en *tam* (couscous), rarement de la viande; leur boisson est du lait, de l'eau, du café ou du thé. Les gens riches, eux, se nourrissent comme les maures d'Alger; ils mangent souvent aussi le mouton rôti, mets national des Bédouins; tous recherchent notre pain dont ils font une assez grande consommation; plusieurs aussi se sont adonnés aux liqueurs fortes.

Il y a à Laghouat des juifs et des Beni-Mzab qui vivent en queçouria; les premiers sont orfèvres et marchands, les seconds s'occupent aussi de commerce et sont généralement adjudicataires des fournitures de l'armée et des administrations.

L'on trouve de plus dans la population indigène un certain nombre d'arabes — le nom d'arabe, que les Européens donnent en Algérie presque indistinctement à tous les musulmans, est réservé par les indigènes aux nomades seuls — des tribus environnantes. Quoique souvent fixé à Laghouat, depuis très-longtemps, de père en fils, ils ont toujours continué à faire partie de leur tribu; ils s'y marient, et ils y ont presque toujours des troupeaux et des tentes, où ils se rendent parfois en villégiature ; ces Arabes sont à la ville les représentants de leurs frères, qui vivent constamment sous la tente ; ils font leurs commissions, leur servent d'hôtes lorsqu'ils viennent à Laghouat, s'occupent de leurs intérêts, ils sont en un mot leurs mandataires. Cette fraction de la population a conservé des habitudes viriles, voyage, chasse ; aussi se distingue-t-elle à première vue à son teint bronzé et à sa physionomie respirant la force et la santé.

Les musulmans de Laghouat ont généralement de deux à quatre femmes de race blanche ; depuis l'occupation française, un certain nombre, parmi les gens riches, ceux qui peuvent se passer du travail de leurs femmes, n'en ont qu'une seule ; il y a aussi des Laghoutia riches qui, voulant imiter les Français, disent-ils, entretiennent, en dehors de leurs épouses légitimes, une maîtresse qui est souvent chrétienne.

Le Coran prescrit de marier les enfants jeunes ; cette règle est observée, et il n'est pas étonnant de voir ici un garçon de douze à quatorze ans, ou une fille de huit à dix mariés. Lorsque l'on se marie, l'on donne au père ou aux parents de la fille une certaine quantité d'argent, des bijoux, des tapis, des troupeaux, le tout pour une somme qui varie entre 200 fr. et 2,000 fr., suivant la famille de l'épouse, sa beauté, sa jeunesse.

L'on a souvent en Europe une idée très-fausse de la polygamie. A Laghouat, pendant le jour, toutes les femmes d'une maison vivent ensemble et s'occupent à filer et à tisser ; les soins du ménage sont laissés, dans les familles riches ou aisées, à des négresses ; il n'y a que chez les plus pauvres qu'ils incombent aux femmes blanches. L'époux qui a vécu dehors, mangeant seul ou avec ses amis, ne rentre chez lui que le soir ; chaque femme a, dans la maison, une chambre qui lui est propre ; c'est là qu'elle reçoit le mari commun ; chacune a son jour, il n'est point fixé par les inclinations ou par les caprices de l'homme, mais bien suivant un ordre immuable, qui l'oblige à commencer toujours par la plus ancienne.

Les divorces, permis par la loi musulmane, sont communs, on le comprend, dans une telle société ; si les torts sont du côté du mari, la femme rentre dans sa famille, qui conserve les cadeaux qu'elle a reçus au moment du mariage ; dans le cas contraire, la femme et sa famille sont obligés de tout restituer. Les enfants restent toujours à la charge du père.

Il faut peu de chose à un Laghouati pour vivre de ses rentes, il lui suffira pour avoir **l'aurea mediocritas** de posséder une maison qui vaudra 600
un jardin 2.000
une négresse et un nègre 1.400
en bijoux, meubles, habits 2.000
une réserve en argent 2.000
Avec cette fortune de 6.000
il aura au moins deux femmes qui travailleront chez lui les laines qu'il achète chaque année aux nomades. Ses femmes et ses filles passeront leur temps à laver, blanchir, tisser cette laine ; elles font toutes ses préparations avec une adresse remarquable, car sauf la teinture, qui est l'œuvre d'ouvriers spéciaux, tout est fait par elles, et c'est

leur travail seul qui produit les haïks, les burnous, etc., dont la vente est une source de revenus importants pour le maître de la maison.

Un spectacle tout idyllique, c'est de voir les jeunes femmes et les jeunes filles de l'oasis, vêtues de bleu ou de rouge, laver avec leurs pieds la laine dans l'oued Mezi, et étendre au soleil sur la grève les blanches toisons.

Elles filent ensuite à la quenouille la laine qu'elles ont blanchie ; la quenouille dont elles se servent est très-courte et ornée à son sommet d'un bonnet de plumes d'autruche. Pour filer, elles montent sur les terrasses ; là elles s'y accroupissent tout au bord, la face tournée vers la cour intérieure, et, tout en chantant, elles font rouler leurs fuseaux, laissant le fil se développer jusqu'à ce qu'il ait atteint le sol. Ce fil, teint ou blanchi, leur sert à faire des burnous, des haïks, des tapis et autres étoffes. Tous ces objets sont admirablement tissés et plusieurs ont des dispositions et même des dessins de fort bon goût et remarquables surtout par des oppositions heureuses de couleurs.

Pour ourdir une pièce, les femmes, dans le Sahara, emploient un procédé des plus primitifs : elles dévident d'abord, en peloton d'une longueur déterminée, le fil qui doit servir pour leur chaîne ; cela fait, elles plantent en terre deux piquets, distants l'un de l'autre de la longueur qu'elles veulent donner à leur étoffe. Deux femmes se mettent ensemble, une devant chaque piquet ; une d'elles a à son côté tous les pelotons, elle en choisit un, attache l'extrémité du fil au premier piquet, lance ensuite avec la main ce peloton à sa compagne qui, passant le fil derrière le deuxième piquet, le lui renvoie de la même manière et ainsi de suite. De loin, elles paraissent jouer à la balle comme des enfants; mais lorsque l'on vient à regarder leur travail, l'on est surpris de voir une pièce, dont la chaîne a souvent plusieurs couleurs qui produiront des dessins variés, être ainsi savamment ourdie.

Le métier dont ces femmes se servent pour tisser est également primitif : il n'a qu'un seul côté, celui du devant, qu'un seul rouleau, celui qui reçoit l'étoffe ; le derrière de la pièce est attaché, portée par portée, à des anneaux de fer scellés dans le mur ; ces ouvrières ont un peigne en roseau ou en fer, qu'elles manient sans battants, et lancent, avec la main, une navette semblable à la nôtre ; c'est aussi avec la main qu'elles tirent les ficelles, qui font manœuvrer les lices au moyen desquelles elles obtiennent, par des effets de chaînes, divers dessins.

Il y a cependant, parmi les Laghoutia, des hommes qui font exception à la vie de paresse de leurs concitoyens ; les uns sont marchands, d'autres exercent des métiers manuels, travaillent le cuir, le bois, le fer, sont maçons, etc. Quelques-uns même ont appris leur métier chez des patrons français et sont devenus d'habiles ouvriers.

Quelques habitants de l'oasis s'occupent d'agriculture et même élèvent du bétail.

Le queçouri qui veut récolter des grains, blés ou orge, s'entend avec un arabe appartenant à une des tribus du cercle, et ils choisissent dans le Sahara, à proximité de Laghouat, une portion de terrain facile à ensemencer. Presque tout le Sahara, pourvu qu'il y pleuve une fois tous les trois ou quatre ans, est **propre** à la culture des céréales. Le citadin fournit le grain pour la semence. La terre est à Dieu ; le bedouin cultive et sème, et à la moisson, quand les ouvriers qui viennent pour scier les blés et les orges auront reçu en grain et en paille leur salaire, il sera fait du restant de la récolte, cinq parts : quatre appartiennent à celui qui a avancé la semence, la cinquième est le lot du cultivateur. C'est à cause de cette cinquième part que le paysan, celui qui travaille la terre, est appelé chez les indigènes *Krames*, de *Kramsa* (cinq) ; de même en France nous appelons métayer le colon qui partage les produits du sol avec le propriétaire.

Lorsqu'un habitant de la ville veut, sans adopter la vie nomade, se livrer à l'élève du bétail, il s'associe avec un nomade, possesseur lui-même de bestiaux, et lui remet une certaine quantité de brebis avec le nombre de béliers que comporte ce troupeau ; au moment de la tonte, la laine est partagée, comme les autres récoltes, en cinq parts : quatre appartiennent au propriétaire des moutons, la cinquième à celui qui en a la garde, et auquel appartient tout le lait. Après un an révolu, chaque brebis doit avoir produit un agneau pour son propriétaire, qui est obligé de donner, chaque année, au berger qui les soigne, la moitié d'une peau de chameau séchée pour ses chaussures, et une année un burnous, une autre un haïk en laine, la troisième une chemise (*gandoura*) de laine. La nourriture et le peu d'argent que reçoit le *raï* pour ses gages, sont à la charge de l'arabe chez qui sont les bêtes.

Le territoire de l'oasis de Laghouat est formé par une superficie d'un seul tenant de 1,300 hectares de terres arables et irrigables, dont 200 seulement sont régulièrement cultivées, étant arrosées par les eaux de l'Oued-Mezi, aménagées par un barrage. Ces terres, ainsi irriguées, sont toutes mises en jardin. J'ai déjà essayé de faire voir à mon lecteur ces jardins, qui constituent en partie la physionomie de Laghouat; je vais maintenant lui faire constater qu'il y pousse tous les fruits et toutes les plantes de l'Europe et de l'Afrique, ainsi que les légumes et les graines propres à ces deux contrées.

J'ai vu dans un verger, appartenant à M. Delair, l'adjoint civil de Laghouat, une très-belle collection d'arbres fruitiers d'Europe : elle provenait d'une pépinière sise à Pertuis (département de Vaucluse). Tous ces arbres, plantés déjà depuis longtemps, étaient en plein produit, ils sont fort beaux et donnent des fruits excellents; il y a des vignes, des cerisiers, des pêchers, des pruniers, des poiriers, des pommiers, etc., etc.; tous, quoique originaires d'un autre continent, se sont immédiatement acclimatés dans le Sahara. Ce fait est d'autant plus curieux à noter qu'il s'y trouve des fruits à pépins, tels que les pommiers appartenant à la flore des contrées les plus froides de l'Europe, qui sont cultivés parallèlement avec des palmiers, dattiers et autres plantes natives des zones les plus brûlantes de l'Asie et de l'Afrique.

M. Delair, qui a obtenu de ses vignes des vins de très-bonne qualité, l'un blanc et l'autre rouge, pense que la vigne pourrait être cultivée avec succès dans tout le Sahara, surtout dans les Daya où l'eau est près du sol. L'on pourrait ainsi cultiver la dayé Marmora qui est aux portes de Laghouat et dont la contenance est d'au moins cent hectares ; plantée en vigne, elle produirait plus de vin qu'il n'en faudrait pour la consommation de la colonie européenne et de la colonne militaire de Laghouat. L'État fait venir à grand frais, pour ses troupes et ses fonctionnaires, du vin que l'administration paie fort cher et qu'on pourrait facilement récolter dans l'oasis.

L'altitude de l'oasis (780 mètres) est une des causes qui permettent aux plantes et aux arbres de l'Europe d'être cultivées sous une telle latitude ; cette élévation produit aussi un climat des plus sains pour les hommes du Nord.

Les palmiers, qui, par leur ombrage, protégent les autres arbres et les plantes pendant le jour et empêchent aussi le rayonnement nocturne qui produit souvent dans le désert des gelées blanches, sont l'autre cause qui permet dans le Sahara les cultures des pays froids et des pays chauds.

Si le territoire irrigué de Laghouat n'est que de 200 hectares, le territoire irrigable est beaucoup plus considérable.

Il y a d'abord aux portes de la ville la dayé Marmora, dont les arbres ont été détruits depuis l'occupation française. La dayé a une superficie de 100 hectares ; elle contient dans son sous-sol une nappe d'eau très-près de terre et très-abondante ; aussi l'irrigation de cette dayé serait facile au moyen de norias.

Il y a aussi, je l'ai déjà dit, autour de l'oasis plus

de 1,000 hectares qui pourraient être facilement arrosées, si un barrage plus complet que celui qui existe était établi sur l'oued ; le génie militaire a étudié cette question, il a déclaré ce travail facile et a calculé qu'il ne faudrait pas 400,000 fr. pour le faire.

L'oasis de Laghouat possède donc, confinant ses murs, 1.300 hectares de terre irrigables, dont 200 seulement sont irriguées ; cette oasis cependant nous appartient depuis 1844, et nous y sommes installés depuis 1852.

Non-seulement nous n'avons pas su encore donner à cette oasis le développement agricole dont elle est susceptible, mais la portion de son territoire, régulièrement cultivé, qui avait diminué lorsqu'il passa de l'autorité du Maroc sous celle des Turcs, s'est encore amoindrie depuis que cette ville nous appartient.

J'avais à Laghouat d'agréables relations ; je voyais au cercle militaire, où j'avais été gracieusement admis, les officiers, et j'ai conservé un bien bon souvenir de mes rapports avec plusieurs de ces messieurs.

Je voyais aussi fréquemment les missionnaires qui tiennent la cure ; ils s'habillent et vivent comme les indigènes, dont ils ont su s'attirer toute l'affection par leur aménité, leur charité et leur talent de maîtres d'écoles et d'hospitaliers ; aussi sont-ils vénérés des musulmans de Laghouat et surtout de ceux qui viennent de l'intérieur se faire soigner chez eux. Je me liai tout particulièrement avec l'un d'eux, le père Paulmier (depuis j'ai eu à pleurer ce véritable ami, mort assassiné en janvier 1876 entre El-Golea et In-Çalah). C'était un parisien rempli d'esprit et de gaîté, très-instruit et du meilleur monde ; il se soumettait, le sourire sur les lèvres, aux plus dures privations, et il n'a jamais rencontré de plaies morales ou physiques qu'il n'ait su panser, et cela si gracieusement que la joie de se voir ainsi soulagé donnait toujours au moins du courage et de l'espoir aux malheureux qui étaient venus implorer son secours.

Vers le milieu de décembre 1872, vint à Laghouat, pour renouer des relations avec nous, un des chefs des Oulad-Sidi-Cheikh, grande tribu de marabouts qui a pour vassaux presque tous les nomades du Sahara algérien. A la suite de l'assassinat du colonel Beauprêtre, en avril 1864, les Oulad-Sidi-Cheikh, pendant de longues années nos serviteurs dévoués, levèrent l'étendard de la révolte. Depuis, bien souvent des négociations ont été tentées sans succès pour les ramener dans le giron de la France.

L'on ne saurait s'imaginer, à moins d'en avoir été témoin, le respect et l'amour dont les indigènes du Sahara entourent les membres de cette tribu ; lorsque l'on sut à Laghouat que l'un des descendants de Sidi-Hamza allait arriver, ce fut parmi les musulmans un remue-ménage général ; ils ne sortaient plus que revêtus de leurs plus beaux habits ; dans chaque maison l'on préparait de riches cadeaux.

Je fus voir l'envoyé des Oulad-Sidi-Choikh dès son arrivée. Sidi-Eddin avait déjà entendu parler de moi, comme d'un français se préparant à un grand voyage dans l'intérieur. Il était logé chez un de mes voisins, Si-Toumi, officier indigène de spahis; il attendait ma visite et me fit, lorsque je me présentai chez lui, l'accueil le plus aimable.

Je le trouvai dans un petit salon, assis sur un fauteuil à la Voltaire de velours rouge; il est tout jeune, vingt ans au plus, très-grand, très-maigre, vêtu tout en laine, ainsi que cela convient à un marabout; mais ses guenadeurs, ses haïks, ses burnous sont d'une finesse et d'une blancheur non pareille; il a le type arabe très-pur, le teint mat et blanc, de grands yeux couleur tabac d'Espagne d'une expression mélancolique et maladive; de longs cils noirs ombragent son regard, ses sourcils sont épais et bien dessinés; son nez, qui ne forme qu'une ligne avec le front, est très-régulier; il a la bouche petite, meublée de dents d'une éclatante blancheur, le menton allongé et le visage ovale; sa barbe, claire, noire, très-frisée, se sépare naturellement en fourche au menton; tout l'ensemble de sa tête rappelle celle de certains Christs des anciens maîtres italiens, ressemblance qui était encore augmentée par la corde en poil de chameau, négligemment enroulée, qui lui sert de turban, et qui de loin simule une couronne d'épine.

Sidi-Eddin était entouré d'une douzaine de serviteurs, et à chaque instant un quecouri ou un arabe entrait, baisait le bas du vêtement du marabout, son épaule, sa cuisse ou sa main, et se retirait en silence, comme il était venu, mais non sans avoir déposé son offrande dans une couffe placée sous le fauteuil de Sidi-Eddin et qui, plusieurs fois par jour, était remplie. Pendant qu'on le baisait et rebaisait, ni plus ni moins qu'une châsse, nous causions, Sidi-Eddin et moi ; conversation peu intéressante, car elle se bornait, ainsi le veut l'usage, à l'échange de compliments et de phrases banales, qui reviennent sans cesse et toujours les mêmes, au cours d'une visite arabe.

Je pris congé du marabout, après qu'il m'eut offert la pipe et le café, et je dis aux hommes, qui étaient là, de venir me voir et qu'ils trouveraient toujours chez moi du tabac et du café offert de bon cœur. Ils profitèrent de mon invitation, et leurs conversations furent pour moi autrement instructives que ne l'avait été celle de leur chef.

III

LES QUEÇOUR DU DJEBEL-AMOUR

Le 31 décembre 1872, de grand matin, je monte à cheval, accompagné de mon chaouchs Mohamed, perché sur un mulet qui porte les bagages. Je sors de Laghouat, par un froid assez vif ; en traversant le vieux camp je suis joyeusement salué par les clairons des chasseurs qui sonnent la diane.

Ce vieux camp, formé par une série de cahutes de briques crues, faites chacune suivant la fantaisie de son constructeur, est une des choses à l'aspect le plus étrange que l'on puisse imaginer. Quand il fut installé, au commencement de l'occupation de l'oasis, chaque officier et chaque groupe de soldats fut son propre architecte, et au lieu des constructions banales qui se font actuellement et qui sont également bien disposées pour loger des hommes ou des chevaux, des mulets ou des sacs de farine, il s'est écrit ici tout un poëme.

Les uns, épris de cette terre qu'ils venaient de conquérir, ne songèrent qu'à s'en rapprocher ; ils firent du style oriental et se construisirent des marabouts arabes et des kiosques turcs ; d'autres, au contraire, se rappelant leur pays natal, élevèrent, en style gothique ou ogival, des cabanes qui leur représentaient des cathédrales ou des palais, ornement de la patrie ; il y en eut aussi qui se bâtirent des chalets suisses ou des villas italiennes, constructions destinées à remémorer à leurs propriétaires une aventure gracieuse ou un voyage. Toutes ces maisonnettes ont la couleur du liège et ressemblent à des joujoux de Nuremberg vus à la loupe. A l'Est du camp une belle allée formée par un rideau de peupliers est, pendant les chaleurs de l'été, une promenade fraîche et agréable.

Tajembout queçar (l'on nomme queçar, au pluriel queçour, dans le Sahara, les villes ou les villages entourés d'une enceinte), où je me rends, est situé à 31 kilomètres au N.-O. de Loghouat. Après avoir quitté le vieux camp je traverse un banc de sable qui peut, par un détour, être évité, et je me trouve dans une plaine au milieu de laquelle l'oued Mezi forme de nombreux méandres ; cette plaine a dû être boisée, elle est fertile et pourrait être cultivée avec succès, ainsi que l'indiquent deux ou trois beaux jardins appartenant à des chefs arabes.

Si cette plaine était mise en culture et si les bords de l'oued étaient complantés d'arbres, ce dernier, dont le lit est presque partout à sec, coulerait comme une rivière de France. Du reste, là où le lit de l'oued est encaissé et planté d'arbustes, là se trouve de l'eau coulant à ciel ouvert.

Sur les huit heures du matin, je vois au loin, venant de l'Est, un cavalier arabe ; il s'arrête un instant pour nous considérer ; tout à coup il enlève brusquement sa monture au galop et tenant son fusil dans la main gauche, le poignet élevé et le bras tendu en avant, position qui permet d'épauler facilement, il arrive à fond de train sur moi, à vingt-cinq pas, par une brusque saccade, qui fait accroupir sa jument. Il l'arrête court, et se met, après les saluts d'usages, auxquels je réponds courtoisement, à me demander d'où je viens et où je vais. Me bornant à sourire sans répondre, je continue mon chemin ; il voit à mon attitude que je ne suis point de ceux que l'on questionne ; il se rabat sur Mohamed qui me suit, et une conversation animée s'établit entre eux. Sa curiosité satisfaite, le bédouin vient se mettre à ma gauche et tout en marchant au lieu de m'interroger, il m'apprend qu'il appartient à une fraction des Oulad-Naïd et qu'il cherche ses tentes ; nous restons ainsi quelques instants bottes à bottes ; puis tout d'un coup il tourne brusquement son cheval et disparaît au galop en me criant : *Vas en paix* ; je lui réponds : *Dieu augmente ton bien*.

Entre dix et onze heures, je vois un bouquet de lauriers-roses, au milieu desquels l'oued Mezi coule à ciel ouvert ; il y a là de l'eau et de l'ombrage, chose agréable à cet instant de la journée, car malgré le froid du matin la chaleur est devenue excessive ; nous descendons de cheval et déjeunons à l'ombre au bord de l'eau ; le repas fini je me lave dans l'oued. Lorsque j'eus achevé, une conversation s'engage entre moi et Mohamed, qui me dit :

— Comment ! vous êtes français, vous vous lavez après avoir mangé, vous ne buvez ni vin, ni absinthe, vous voyagez sans lit ?

— Penses-tu que les Français soient sales ? t'imagines-tu qu'ils ne puissent vivre sans vin et sans absinthe, qu'ils ne savent dormir que dans des lits ?

— Je suis un pauvre Laghouati, j'ignore ce que sont les Français de France, mais tous ceux que nous avons ici ne pourraient vivre s'ils n'avaient du vin et de l'absinthe à boire plusieurs fois par jour.

Mohamed, bavard comme tous les queçouria, veut profiter de l'occasion et me faire un discours, je préfère faire la sieste que de l'entendre, et après un moment de repos nous remontons à cheval et continuons notre route.

Tajemout est le terme de ma route d'aujourd'hui, il est trois heures lorsque j'en franchis les portes ; après m'être débotté je parcours le queçar en tous sens. Les maisons bâties en pierre sont recrépies à la chaux ; les rues, très-étroites et tortueuses, sont d'une propreté plus que douteuse; je suis bien regardé et avec beaucoup de curiosité, mais sans malveillance, par les naturels, pour qui l'arrivée d'un européen est tout un événement.

Tajemout est bâti au sommet d'un mamelon pierreux, appartenant à l'un des derniers contre-forts du Djebel-Amour. Un caïd, nommé par la France, administre le pays et perçoit l'impôt. Ce village est composé d'une centaine de maisons. Après l'avoir visité intérieurement, je fais le tour de la muraille ; ce mur bâti en pierre est l'œuvre de maçons du pays ; ils ont, il faut l'avouer, une certaine habileté, d'autant plus surprenante que toutes leurs constructions sont établies sans plan dessiné d'avance et que c'est dans la tête seule de l'ouvrier que se forme le projet de l'édifice, projet qu'il traduit du premier jet sur le terrain, même lorsqu'il s'agit de travaux aussi compliqués que le sont l'enceinte d'une ville, où des créneaux, des portes, des tours, etc., doivent être ménagés à des distances déterminées sur une grande étendue.

Je descends ensuite dans des jardins qui se trouvent au pied du mamelon. Ils sont fort beaux ; l'on y cultive des arbres fruitiers, surtout des abricotiers, mais il n'y a pas de palmier ; le climat est trop froid ; je vois aussi de beaux champs de blé et d'orge qui confinent les jardins.

Au moment où le soleil va se coucher, je suis surpris en traversant un jardin de voir des perdrix se percher sur les arbres et ne paraître pas plus étonnées de nous voir que ne le serait la plus apprivoisée des volailles. J'ai bien mon fusil, mais j'éprouve plus de plaisir à voir la confiance de ces gracieux animaux dans l'homme qu'à garnir mon garde-manger.

Le soir, je mange chez le caïd, dont je suis l'hôte et le lendemain au jour je quitte le queçar.

Je vais visiter aujourd'hui, 1er janvier 1873, un gisement de combustible minéral qui a été découvert à Gucmenta, par un mzabite, habitant Laghouat, et où travaillent des sapeurs du génie ; un soldat du train, qui est arrivé hier de Laghouat et qui va les ravitailler, me sert de guide.

Le pays est gai, montueux ; un peu aavnt d'arriver au gisement minier je suis surpris de voir dans cette contrée déserte une grande maison carrée, du caïd, neuve et inhabitée ; elle appartient à un caïd, qui lui préfère ses tentes. Sur les midi, nous trouvons enfin les gisements de charbons, auprès desquels sont installés dans une tente et un gourbi, Baioub, le mzabite, inventeur de la mine, quatre indigènes et les sapeurs du génie.

Les filons, auprès desquels l'on fait les fouilles, se trouvent dans une vallée fortement encaissée par de petites montagnes et orientée N. S. L'oued Mezi a son lit dans cette vallée et il côtoie à cet endroit la montagne, qui la borde à l'Ouest, et dans les flancs de laquelle l'on a trouvé les filons de houille. Ces filons, d'abord d'une très-petite épaisseur de un à deux centimètres, vont en augmentant à mesure que l'on cave dans le sol. Les sapeurs ont creusé un puits ; arrivés à deux mètres de profondeur, l'eau les a envahis, et ils ont dû s'arrêter ; mais là les filons atteignaient déjà plus de trente centimètres d'épaisseur.

Je passe toute mon après-midi du premier jour de l'an 1873 et toute la matinée du lendemain à explorer les environs et dans de nombreux endroits. Baioub, qui depuis quinze ans furète toute la contrée à la recherche de la houille, me fait voir des filons pareils à ceux dont je viens de parler, et divers minerais qu'il croit être de fer, de cuivre, de graphite, de plomb, d'argent ; c'est du moins ce qui lui a été dit à Laghouat.

J'examine aussi, toujours avec Baioub, les ruines de nombreux villages ; ils sont tous construits par groupe de trois à quatre ; chacun est situé au sommet d'un mamelon, entouré d'une muraille en pierre sèche ; les maisons étaient aussi bâties de même. Baioub et tous les indigènes attribuent la construction de ces villages aux Romains, ils sont au nombre, me dit-on, de plusieurs centaines. L'aspect seul de ces ruines indique qu'elles sont loin de remonter à une époque aussi reculée, quel que soit leur âge; elles prouvent qu'une nombreuse population sédentaire a vécu là où l'on ne rencontre plus que quelques pâtres nomades. Si l'on considère le pays, cela n'a rien d'étonnant : il a dû être boisé, il est bien arrosé, les terres arables y sont en abondance et de bonne qualité. Le climat est ici des plus sains et si ces terres étaient fouillées par des colons européens elles retrouveraient rapidement leur antique fertilité.

Dans l'après-midi du deux janvier, le caïd de la tribu de Guementa vint me voir et m'apporter du lait. Guementa est non-seulement le nom d'une contrée, c'est aussi celui d'une tribu de *Berbères Berbérisants* qui vit nomade dans le Djebel-Amour. Très-peu de Guementia parlent arabe, ils ont tous conservé l'usage presque exclusif de leur idiome.

Il m'est rapporté des Guementia une coutume curieuse : il paraît que lorsqu'ils sont réunis en assemblée (*mead*), l'usage veut que celui qui prend la parole se découvre la tête ; ce qu'il fait en renvoyant en arrière sa cheohia, qui reste prise dans le pli du haïk et retenue par la corde en poil de chameau ; cela est considéré comme une marque de déférence donnée aux auditeurs. Ce serait, au contraire, suivant les mœurs arabes, une grave impolitesse.

Le caïd parle arabe, et il me paraît intelligent; je lui demande un guide pour aller à El-Keicha, il me promet de m'envoyer un de ses hommes parlant arabe et de me le choisir lui-même. Après m'avoir obligeamment demandé si je n'avais plus besoin de rien et fait ses offres de service, il remonte sur sa petite jument grise et part au galop, suivi de quatre cavaliers, son escorte.

Le lendemain, 3 janvier, dès le matin, je vois arriver mon guide, petit homme trapu, tout nerfs et tout muscles ; il n'a rien dans la figure qui rappelle le type arabe ; il est chaussé de hauts brodequins lacés sur le coude-pied ; sa grandoura de laine est serrée à la taille par une large ceinture de cuir rouge ; il a un haïk et un burnous en laine grossière : ils ont été blancs. En le regardant l'on comprend que l'on a devant soi un vrai marcheur.

C'est par les sentiers les plus abruptes et à travers une contrée qui me rappelle les Cévennes de France que mon guide me conduit ; par moment j'ai à traverser des plateaux couvert d'alfa, dont les stipes vertes se balancent en faisant des ondulations semblables à celles d'un lac.

Sur le midi, il fait chaud ; je commence aussi à avoir faim ; le *harnais de gueule* a toujours été la moindre de mes préoccupations en voyage, et je pense au plaisir du souper, ne comptant plus déjeuner, lorsque mon guementi tire du capuchon crasseux de son burnous deux galettes cuites sous la cendre. Il me les offre, j'en accepte une ; je descends de cheval, je m'asseois sur un quartier de roc et je me mets à la déchirer à belles dents, pendant que mon guide va me chercher de l'eau fraîche à un torrent qui coule au fond d'un précipice que nous surplombons; ce frugal repas fini, je remonte à cheval et je continue ma route.

El-Keicha est encore un queçar du Djebel-Amour; j'y arrive à trois heures et quelques minutes. Je descends chez un beau vieillard à tête de patriarche, qui a un fils à Laghouat; à ce titre il se considère comme l'hôte des Laghouatia. Sa maison est vaste et bien bâtie; l'on m'a préparé une grande chambre à cheminée; l'aménagement en est des plus simples, tout le mobilier consiste en un tapis du pays étendu devant le foyer : il doit me servir de lit, de sofa et de table. Les tapis du Djebel-Amour, appelés en arabe *ferach* (lit), sont très-renommés dans tout le Sahara, et ils le méritent, car non-seulement ils sont agréables à l'œil avec leurs longues laines de diverses couleurs élégamment nuancées, mais ils sont aussi d'un excellent usage; presque inusables et fort moelleux, ils ont de deux à trois mètres de largeur et de sept à neuf de longeur.

Je m'installe sur ce tapis; des ustentiles commodes et propres me sont apportées, et je procède à ma toilette. Je viens de terminer, mon hôte me fait demander s'il peut venir auprès de moi, je l'accueille volontiers, et il entre suivi de plusieurs de ses amis. Il se place à mon côté, et après les compliments habituels, il se lève pour prendre des mains de son nègre un plateau sur lequel se trouvent des tasses avec du café; il en saisit une et, après l'avoir approchée de ses lèvres, il me l'offre. Son café est excellent et servi dans de jolies tasses de porcelaine française blanches, avec des anses qui imitent le corail. Je me mets ensuite à causer et à fumer, j'offre aux gens qui m'entourent du tabac ; ils refusent tous.

Je suis surpris de voir les femmes de la maison entrer librement et causer avec Mohamed qui leur touche la main, tout comme cela se pratique en Europe ; je suis ici au milieu d'une population berbère : la femme n'y est point traitée comme chez les Arabes ; elle vit sur un pied d'égalité complète avec l'homme. Je ne crois pas cependant que l'on ait à El-Keicha conservé l'usage d'un idiome particulier ; je n'y ai jamais entendu parler qu'arabe, et le Guementi qui m'avait accompagné s'est toujours servi avec les gens du queçar de cette langue.

Sur les six heures, l'on vient m'allumer du feu dans la cheminée et deux bougies que l'on pose sur le tapis ; l'on me sert alors un excellent dîner, composé de cinq à six plats ; l'on me donne entre autres, comme une chose dont on me suppose friand, des pommes de terre bouillies, dont la culture, depuis peu répandue dans tout le Djebel-Amour, réussit fort bien. Par discrétion et contrairement à la coutume qui veut que la personne qui vous reçoit et tous ses amis restent à vous voir manger, mon hôte se retire et emmène avec lui tous les gens qui étaient venus pour me voir.

Je reste seul avec Mohamed et le Guementi, ils mangent l'un et l'autre après moi ; un nègre esclave nous sert, il mange lui aussi après mes deux hommes et n'emporte les plats que complétement vides. Comme boisson, nous avons du lait de chèvre excellent, contenu dans une petite peau de bouc, suspendue à une cheville plantée dans le mur. Nous buvons tous à la même tasse, un petit gamelon *merdjem* en fer battu; cette coutume me plaît peu, mais je me suis fait une loi de ne déroger en rien aux usages des pays que je visite.

Je finissais de dîner et Mohamed me présentait ma chibouk chargée et allumée, avec ma première tasse de café, lorsque mon hôte entre accompagné de quelques habitants du queçar. Ils viennent m'inviter à *une ditta* (fête) que l'on donne à l'occassion d'un mariage célébré la veille. J'accepte, et précédés d'un fanal, car il est huit heures du soir et les rues d'El-Keicha sont étroites et raboteuses; nous partons pour la maison des mariés où l'on doit se réunir.

J'arrive devant une construction d'assez bonne apparence, auprès de laquelle stationnent des groupes de curieux. L'on pénètre par un long corridor sombre dans la cour intérieure de l'habitation où vont se célébrer les divertissements.

Cette cour peut avoir une quarantaine de mètres en tout sens; elle forme un carré régulier, qui est entouré d'arceaux supportant des galeries à la hauteur du premier étage; elles-mêmes sont couvertes par un toit-terrasse.

Galeries et terrasses sont illuminées par des centaines de bougies et de petits cierges peints et dorés; elles sont remplies d'hommes et de femmes revêtus de leurs habits de fête; c'est la famille des mariés. Dans la cour, sous les arceaux, et rangés devant eux, sur plusieurs files, se tiennent accroupis les habitants d'El-Keicha et des environs qui ne sont point parents des nouveaux époux.

Des feux de plantes odoriférantes brûlent aux quatre coins et éclairent d'une façon fantastique des groupes de Bedouins, drapés de leurs blancs burnous, ou pliés dans leur *kreïdous* (burnous noirs) raides comme des chapes de plomb.

Je m'installe sur un tapis qui m'avait été gracieusement réservé. Il est placé dans un angle en face de celui occupé par l'orchestre, composé de deux clarinettes *(zémara)*, de deux flûtes en roseaux *(guesba)* et d'un gigantesque tambour de basque *(tar)* ; je m'asseois en tailleur. Les musiciens commencent une de ces mélodies sahariennes, aux sons plaintifs et voluptueux, qui servent de thème aux pas des danseuses et aux scènes qu'elles miment. Après les premières mesures, deux femmes, enveloppées dans un seul voile de laine blanche *(haïk)*, émergent de derrière les musiciens et se placent dans l'espace laissé vide au milieu de la cour.

Le costume de ces danseuses mérite une description particulière. Elles portent sur la tête, plié en forme de mitre tronquée, un mouchoir doré *(mahrama)* ; il retient un voile de mousseline blanche *(endjar)*, qui les drape par derrière ; de dessous ce mouchoir sortent d'énormes tresses *(defaïr)* en laine noire, simulant les cheveux. Elles ont à chaque oreille de grands anneaux d'argent *(mekafel)*, dans lesquels sont passés des morceaux d'ambre et de corail ; leurs robes sont formées de lais d'étoffes non cousus, de couleur bleu sombre ou grenat ;

ils sont attachés avec des broches d'argent *(sfafed)*, de forme antique agrémentées de chaînettes ; elles ont la taille serrée par des ceintures *(heuzam)*, hautes de vingt à trente centimètres, en argent massif et artistement fouillées. A leur cou, pendent un collier de verroterie d'ambre et de corail, et, retenues par de longues chaînes d'argent, des boîtes *(snideka)* du même métal, curieusement travaillées, ayant six ou huit centimètres carrés et remplies de parfums. Elles ont aussi, suspendue à ces chaînes, une grande main également d'argent, destinée à préserver du mauvais œil ; leurs poignets et la cheville de leurs pieds sont ornés de plusieurs grands cercles toujours en argent *(msaïs* et *khulklal)*; leurs sourcils sont peints avec une pâte noirâtre et elles ont du *keul* (sulfure d'antimoine) autour des paupières, ce qui allonge et agrandit leurs yeux et rend le regard plus langoureux. Les mains, qui sont ornées de bagues *(khouatem)*, et les pieds ont reçu une légère teinture rouge orange avec du *henné*, et leurs ongles ont été rendus, avec la même préparation, noirs et brillants comme de l'ébène poli ; une couche de fard *(heummaïr)* relève la pâleur de leur teint.

Les deux danseuses qui viennent d'entrer dans le rond ainsi parées seraient partout trouvées belles, tant par la régularité de leurs traits que par la perfection de leurs formes. Elles s'avancent, glissant mollement sur leurs beaux pieds nus, dont les orteils séparés rappellent ceux des statues antiques. Elles suivent le rhythme doux de la musique ; les ornements, dont elles sont surchargées, tintent doucement et accompagnent le son des instruments. En les voyant ainsi agir presque sans mouvement et rester toujours impassibles, malgré leurs changements d'attitudes, je leur prête ces vers de Beaudelaire :

Je suis belle au mortel, comme un rêve de cygne,
Je hais le mouvement, qui déplace les lignes;
Et jamais je ne pleure, et jamais je ne ris.

La musique s'anime peu à peu ; les danseuses laissent tomber le haïk qui les tenait enveloppées ; elles se séparent, et, ayant un mouchoir de soie éclatante, dans chaque main, elles se mettent à mimer le drame si ancien et toujours nouveau de l'amour. Elles paraissent d'abord appeler, par leurs cajoleries, un amant invisible ; elles le repoussent ensuite du geste et du regard ; puis, se laissant emporter par l'ivresse de leurs sens, elles ont l'air de s'abandonner à ses caresses.

A ce moment, un homme prend un brandon enflammé et se place derrière la danseuse, à côté de qui vient se mettre l'un des joueurs de clarinette ; la danse continue, se composant toujours de mouvements des hanches et du ventre, les pieds glissant sur le sol et les bras s'agitant lentement.

Chaque danseuse, suivie ainsi de son torchère et de son joueur de *zemara*, vient se placer devant les spectateurs. Si l'on veut lui donner quelque chose, on se lève et on lui applique sur le front une première pièce d'argent; l'almée s'arrête, elle porte le haut du corps en arrière, en remuant les hanches avec un mouvement cadencé : il est comparé, par les arabes, à celui d'un van ; les pieds et les jambes sont immobiles, les mains sont élevées près de la tête qui est gracieusement encadrée par les bras, entourés de larges manches de tulle, ce qui lui fait une sorte d'auréole Tant que l'on met des pièces sur le visage de la bayadère, le mouvement des hanches continue et le haut du corps se penche de plus en plus en arrière ; pendant ce temps, l'homme à la clarinette souffle dans son instrument, sans reprendre haleine, la même note, et ses joues se gonflent à en éclater. Pendant que l'on place de l'argent sur le front et les joues de ces filles, l'homme à la torche ne reste point inactif; il agite son brandon dans l'air et crie le nom de celui qui donne, en invoquant Sidi-Ad-el-Kader-ben-Djellali, patron des musiciens, des danseuses, des mendiants, etc. A ces cris, les femmes, qui sont sur les terrasses et les galeries, répondent par de joyeux youb-youb.

Une sensation, qui vous parcourt comme le frisson de la fièvre, s'empare de vous lorsqu'on se trouve ainsi en contact avec cette créature peinte, parfumée, toute sonnante, fantastiquement éclairée, dans cette atmosphère toute spéciale, créée par les émanations aromatiques des bois qui brûlent, et des parfums exotiques aux âcres senteurs dont sont remplies les femmes. A tout cela il faut joindre le scintillement des étoiles, au milieu d'un ciel bleu comme de l'indigo et transparent comme du cristal.

L'argent que l'on donne à ces femmes n'est point pour elles, mais bien pour les musiciens. Ces danseuses sont des filles publiques, très-nombreuses dans le Djebel-Amour, où la prostitution n'entraîne aucune idée de honte ; elles appartiennent aux meilleures familles et se marient fort bien lorsqu'elles se décident à rentrer dans la vie commune.

Entre chaque danse, un cafetier, qui s'est établi dans un coin de la maison, traverse la cour, portant sur sa tête un plateau chargé de tasses, et criant le nom de celui qui les paie et de ceux à qui elles sont offertes. Car une noce dans le désert est l'occasion d'une fête ; mais ce n'est ni les mariés, ni leurs familles qui en font les frais : chacun y est pour soi.

Tout en écoutant la musique arabe, que j'aime beaucoup, je me rappelle que la première fois qu'on l'entend elle est sans charme ; mais après une certaine initiation à l'esprit et à la vie orientale, on lui trouve de grandes beautés dans sa douce monotonie et sa molle cadence qui invite aux rêves.

La musique européenne exprime un sentiment déterminé, qu'elle s'efforce de faire ressentir à l'auditeur ; elle l'arrache à son caractère personnel, et veut, quelles que soient ses préoccupations du moment, le voir pleurer avec Edgard et rire avec Falstaff.

La musique arabe, au contraire, isole l'auditeur dans ses propres sentiments en en augmentant l'acuité. Tout l'art oriental, du reste, est le même, et la remarque faite pour la musique peut s'appliquer aussi bien à l'architecture qu'à la danse ou à la littérature. Partout cet art cherche à conserver à chaque homme sa personnalité bien distincte, et même dans ses rêves à le faire retrouver avec ses propres sentiments ; il y a tout un volume à écrire là-dessus.

Après beaucoup de danses vues et beaucoup de tasses de café bues, le temps me paraît long, et je demande si l'on finira bientôt ; on me répond que de même que l'on a attendu mon arrivée pour commencer, l'on attend mon départ pour terminer. Je me lève immédiatement, et, escorté par une partie de l'assemblée, je regagne la maison de mon hôte, où je trouve un bon feu et un excellent tapis sur lequel je prends un sommeil réparateur.

La matinée du 4 janvier se passe à aller dans les environs reconnaître des gisements de lignite, découverts aussi par Baioub, et les ruines d'un moulin français, abandonné depuis l'insurrection de 1864. Ce moulin se trouve tout près d'Aflou : c'est une grande construction carrée en pierre de taille, placée au fond d'une vallée entourée d'herbes vertes ; une chute d'eau puissante avait été utilisée lors de sa construction.

Je reviens à El-Keïcha par une route tracée dans la montagne ; le pays est constamment cultivé ou boisé ; partout il y a de l'eau en abondance.

A midi, j'étais de retour à El-Keïcha, et à une heure je sors pour visiter le queçar : l'on me fait voir, comme une curiosité, deux grandes bâtisses ; l'une appartient au bach-agha qui commande dans tout le Djebel-Amour ; l'autre a servi de logement au bureau arabe qui a été autrefois installé ici. La muraille, qui entoure la ville, est établie sur le modèle de celle de Tajemout. Les jardins sont ici nombreux et bien soignés ; tout, du reste, maisons, jardins, habitants, respire un air de grande prospérité.

Le 5 janvier, sur les onze heures du matin, après avoir pris affectueusement congé d'une population qui m'a si cordialement accueilli, je monte à cheval, précédé de mon hôte et suivi de Mohamed, je prend la route d'Aïn-Madhi. Mon hôte me fait encore voir divers gisements lignites, trouvés toujours par Baioub, et nous met sur la route d'Aïn-Madhi ; nous nous quittons après nous être mutuellement comblés de souhaits de prospérités.

Me voici seul avec Mohamed au milieu de rochers abruptes ; il ne connaît pas mieux la route que moi, et j'essaye à tâtons et avec peine à traverser le dernier contre-fort du Djebel-Amour. Après quatre heures de luttes pénibles avec des roches de toutes formes, je vois avec bonheur se dérouler devant moi une vaste plaine couverte d'alfas ; au milieu se trouve Aïn-Madhi ; il est nuit noire lorsque nous arrivons en vue des remparts.

IV

AIN-MADHI ET LES TEDJEDJENA

Je me mets à chercher avec Mohamed dans les remparts, une porte pour entrer dans la ville; nous finissons par en découvrir une ; elle est fermée, car dans le Sahara l'on est méfiant, et pour cause : une surprise y est toujours à craindre. Aussi, nous laisse-t-on frapper longtemps sans se décider, non à ouvrir, mais à venir parlementer avec nous. Enfin, à travers l'huis, on nous crie : Qui êtes-vous ? d'où venez-vous ? où allez-vous ? Mohamed répond à toutes ces questions, et lorsque nous eûmes, l'un et l'autre, bien juré qu'il n'y a devant la porte qu'un Français et un Laghouati, animés tous les deux des plus paisibles intentions, il nous fut dit d'attendre, l'on nous annonce que l'on va envoyer chercher les clefs et prévenir le caïd.

Nous sommes devant une tour carrée, bâtie en pierre et crénelée ; sur l'un des côtés, se trouve la porte extérieure ; dans cette tour, se tiennent cinq ou six habitants, armés, de garde ; ils sont, du reste, prisonniers ; ils n'ont point les clefs de la porte qui communique avec la campagne, et l'on a fermé sur eux celle qui donne accès dans la ville.

L'on nous laisse là plus d'une demi-heure ; nous la passons à causer avec les gardes, prisonniers dans la tour. Un bruit de ferrailles frappe mon oreille ; une porte grince en roulant sur ses gonds; on la referme ; celle qui nous fait face s'entrebâille ; il faut décharger le mulet pour le faire entrer ; l'on veut me faire descendre de cheval ; tu vas te blesser, me dit-on ; la porte est basse, elle ne peut s'ouvrir davantage. Je n'écoute rien, je connais trop bien mes bédouins pour me laisser prendre à cette ruse ; si j'acceptais, demain l'on dirait dans Aïn-Madhi que le chrétien est entré à pied comme un juif ou un berger, tenant son cheval en main comme un palefrenier, et les loustics sahariens en feraient des gorges chaudes pendant longtemps. Une fois que nous sommes tous dans la tour, la porte extérieure est d'abord soigneusement fermée; après l'on cogne à celle de la ville, elle est grandement ouverte. Je pousse mon cheval en avant, et je me trouve au milieu d'une petite place où une vingtaine de notables se sont réunis pour me souhaiter la bienvenue.

Mohamed recharge le mulet ; cela fait, entourée et suivi des gens qui sont venus à ma rencontre, précédés d'un nègre porteur d'un fanal, je me dirige vers la maison des hôtes.

En pays arabe, excepté dans les très-grandes villes, l'hôtellerie, l'auberge sont inconnus ; aussi les étrangers qui n'ont ni amis, ni connaissances dans une ville, sont logés dans une maison commune, qui est entretenue aux frais de tous les habitants de la ville : c'est *la maison des hôtes* (dar diaff).

A Aïn-Madhi, elle est vaste et belle ; au premier, il s'y trouve une grande chambre à cheminée ; on a eu la prétention de meubler à l'européenne en simulant, au moyen de vieilles caisses recouvertes d'étoffes du pays et d'indiennes de Rouen, des lits, des tables, des canapés, etc. J'y remarque, pendue au mur, une fort belle *seridja* (selle de mule) de fabrique tunisienne, et une bride d'un travail très-curieux ; elle est formée de tresses d'or et de soie.

Je me débotte, je me lave, je dîne, ayant comme spectateurs le caïd d'Aïn-Madhi et les notables. A dix heures, je m'étends sur une caisse formant lit tout auprès de la cheminée et je tâche de dormir.

Dès les premiers jours de l'Islam, il s'est formé dans le monde musulman des confréries religieuses semblables aux tiers-ordres, affiliés pendant le moyen-âge aux différents ordres monastiques qui couvraient alors la chrétienté ; les membres de ces associations mahométanes, comme les tertiaires catholiques, ne sont point réunis dans un couvent, ils sont disséminés dans tous les pays et appartiennent à toutes les classes de la société. Astreints simplement à quelques pratiques de dévotion, ils font parfois des donations à l'ordre ; chaque année, ils apportent au chef une partie de leurs revenus ; ils comptent aussi sur son appui pour leur bien dans ce monde et dans l'autre.

Certaines de ces confréries religieuses ont des frères (kouan) dans toutes les régions où le mahométisme est professé ; tel est l'ordre de *Sidi-Abdel-Kader-Djellali*, le grand marabout de Bagdad, dont on trouve les kouan aux Indes, en Afrique, en Arabie, etc. D'autres ont une action toute locale ; il y y en a même qui sont renfermés dans une seule tribu.

Aïn-Madhi est le berceau d'un de ces ordres, qui, bien que de date récente, a déjà une influence considérable dans toute l'Afrique occidentale, c'est celui des **Tedjedjena**.

Dans les premières années du dernier siècle, naissait à Aïn-Madhi, d'une puissante famille de marabouts, possesseurs et fondateurs de la ville, un enfant auquel l'on donnait le nom d'*Ahmed* (le glorifié); il devait être illustre et célèbre parmi tous ses coréligionnaires du Mogreb et ajouter encore à l'antique renommée de sa race en créant une confrérie religieuse, basée sur ce que la morale du Coran contient de plus pur et de plus élevé. La famille d'Ahmed a, comme toutes les grandes familles musulmanes de la Berbérie, un nom patronymique, c'est celui de *Tedjini* ; la famille est désignée sous le nom collectif de *Tedjedjena* ; c'est ainsi que se sont appelés les frères de la confrérie, fondée par Sidi-Ahmed-Tedjini.

Nous ne savons rien ni de l'enfance, ni de la jeunesse de Sidi-Ahmed; elles durent s'écouler dans le double recueillement de l'étude et de la prière; en 1780, son ordre était déjà puissant et, de nombreux *kouan* suivaient son *deker* (manière de prier).

Le *deker* des Tedjedjena consiste à dire le matin cent fois de suite les deux mots : *Dieu pardonne !* on les fait suivre de la prière cent fois répétée : *O Dieu ! la prière sur notre Seigneur Mahomed qui a ouvert ce qui était fermé, qui a mis le sceau à ce qui a précédé, faisant triompher le droit par le droit. Il con-*

duit dans une voie droite et élevée. Sa puissance et son pouvoir magnifique sont basés sur le droit. On dit ensuite cent fois la formule : *Dieu est Dieu, Mohamed est l'apôtre de Dieu.* A trois heures de l'après-midi, les kouan Tedjedjena disent trente fois la première invocation, cinquante la deuxième et cent la troisime. Le soir, la prière est la même que celle du matin.

En 1780, cet ordre comptait déjà de nombreuses zaouia (1) dans toute l'Afrique septentrionale et

(1) La zaouia est un établissement qui n'a aucun analogue dans les États d'Occident. C'est à la fois une chapelle, qui est un lieu de sépulture à la famille qui a fondé l'établissement et où tous les serviteurs, alliés ou amis de la famille, viennent en pèlerinage à des époques fixes ; une mosquée, où se réunissent les musulmans des tribus voisines pour faire leur prière en commun ; une école, où toutes les sciences sont enseignées, lecture, écriture, arithmétique, géographie, histoire, alchimie, magie, philosophie et théologie, et où les enfants, pendant toute l'année, les étudiants (tolba) pendant certaines saisons, les savants (uléma) à des époques fixes, se réunissent, soit pour apprendre ce qu'ils ignorent, soit pour former des conciles et discuter certaines questions de droit, d'histoire ou de théologie ; un lieu d'asile, où tous les hommes poursuivis par la loi ou persécutés par un ennemi trouvent un refuge inviolable ; un hôpital, une hôtellerie où tous les voyageurs, les pèlerins, les malades, les infirmes et les incurables trouvent un gîte, des secours, des vêtements, de la nourriture ; un office de publicité, un bureau d'esprit public, où s'échangent les nouvelles, où l'on écrit l'histoire des temps présents ; enfin une bibliothèque, qui s'accroît tous les jours par des hommes qui y sont attachés et où l'on conserve la tradition écrite des faits passés.

Généralement les zaouia possèdent de grands biens, provenant de dotations habous ou d'aumônes (zekka) affectées par la charité publique à l'entretien de l'établissement. Un chef, avec le titre de chéïk quand il appartient à la famille propriétaire de la zaouia, avec le titre de mokadem (gardien) ou d'oukil (fondé de dans tout le Sahara. Sidi-Ahmed-Tedjini était trop exclusivement un homme de religion pour reconnaître la puissance des Turcs, et quoiqu'il eût consenti à payer un léger tribu aux maîtres d'Alger, il se considérait toujours comme le sujet des empereurs du Maroc. Les Chorfa de Fez peuvent en effet, être, d'après le droit, les seuls souverains légitimes des mahométans du rite Maleki, auquel Sidi-Ahmed appartenait, comme tous les autres musulmans du Sahara occidental.

Aussi n'était-ce pas sans inquiétude que les Turcs voyaient se développer l'influence toujours croissante de l'autorité personnelle du marabout et les rapides succès de son ordre, qui florissait même à Alger à côté du divan de leur pacha. Ce dernier craignait que Sidi-Ahmed ne voulût un jour traiter avec lui de puissance à puissance, et désireux d'éviter une lutte dont il redoutait les suites, résolut de se débarrasser des Tedjedjena avant qu'ils fussent devenus un danger réel pour son empire, et vers 1790 il envoya une armée nombreuse assiéger Aïn-Madhi.

Les anciens de la ville m'y ont raconté que lorsque les Turcs, plus nombreux que les sauterelles en mai, quand le sirocco soufle, s'abattirent devant les murs d'Aïn-Madhi avec beaucoup de canons, de chevaux et d'armes de toutes sortes, personne parmi les assiégés ne fut effrayé par ce redoutable

pouvoir) quand il est étranger à cette famille, dirige l'établissement. De nombreux serviteurs (koddam) sont attachés à chaque zaouïa, soit pour cultiver les terres qui en dépendent, soit pour servir le nombreux personnel d'écoliers, de marabouts, d'infirmiers et de voyageurs fréquentant l'établissement — de Neveu.

appareil de guerre ; Sidi-Ahmed avait promis à ses fidèles que les armes des ennemis seraient impuissantes contre une cité protégée par ses prières. Du haut de leur muraille les Aïn-Madhiens sans armes regardent tranquillement l'ennemi mettre ses pièces en batterie, ils les virent charger sans émotion et lorsque ceux-ci voulurent mettre le feu aux canons, les canons, au lieu de tirer contre la ville, lancèrent leurs projectiles contre les Turcs.

A la vue de ce prodige, les assiégeants terrifiés prennent la fuite ; les assiégés radieux sortent en chantant les louanges de Dieu et de son apôtre, auxquelles ils joignent celle de Sidi-Hamed ; ils se mettent à la poursuite des ennemis, en font un massacre, s'emparent du camp turc et rentrent à Aïn-Madhi avec un riche butin et de nombreux prisonniers.

Lorsque la nouvelle de sa défaite arriva au pacha, il entra dans une grande colère ; il ordonne immédiatement que l'on mette à mort le mokadem de Tedjedjena à Alger, que l'on recherche partout les kouan de Sidi-Ahmed et que tous ceux qui seront reconnus aient la tête coupée et leurs biens confisqués.

Peu de temps après ces folles rigueurs, le Dey a un songe : il est devenu femme, et le marabout Sidi-Ahmed a obtenu du ciel cette métamorphose pour venger la mort de ses frères. Le pacha, toujours dans son rêve, fait des excuses au marabout, obtient de lui son pardon et retourne immédiatement à son sexe. Au réveil, effrayé par ce cauchemar, le Dey fait chercher partout les Tedjedjena, les rassure comme il peut, leur fait de riches présents, décore leur mosquée, leur envoie des tapis et des cierges peints, dorés, parfumés, pour leur prière.

Il fait aussi partir une ambassade pour Aïn-Madhi : elle est chargée d'offrir des présents à Sidi-Ahmed, à qui il envoie en cadeaux, des vêtements pour ses femmes et ses enfants, des chapellets de corail et d'ambre, des burnous, des haïks, des ceintures de prix, des essences de roses, de jasmin et d'autres parfums, car il sait que tous les saints personnages de l'Islam ont plus ou moins les goûts de leur prophète, qui a dit : *Les choses que j'aime le plus au monde, ce sont les femmes et les parfums, mais ce qui me réconforte l'âme, c'est la prière.*

Avec les présents, les ambassadeurs emportent une lettre du Dey ; il s'humilie devant le marabout, à qui il écrit : « Je suis ton serviteur ; tu es « libre de faire ce que tu voudras. J'ai rétabli tes « frères dans leur mosquée, et ma protection ne « les quittera plus. »

Sidi-Ahmed reçois avec joie cette ambassade ; il nomme un autre mokadem dans Alger ; cependant craignant de la part des Turcs de nouvelles hostilités et ne se sentant pas assez fort dans sa ville qui n'avait alors, comme les autres quecours du Sahara, qu'une simple enceinte formée de briques crues, il fait venir de Tunis un architecte marabout de son ordre, du nom de Mahomed ; il le charge de construire autour d'Aïn-Madhi un rempart en bonnes pierres de taille, haut de douze mètres, épais de deux mètres, avec flanquement et nombreux créneaux. Pendant qu'il fait fortifier ainsi sa ville, Sidi-Ahmed se retire d'abord à Bonseuphone, où il avait de grands biens, ensuite à Fez.

Notre tedjini avait été précédé au Maroc par une réputation de sainteté, de sagesse et de science non pareille. Lorsqu'il se fut établi à Fez, l'empereur, désireux de connaître si les vertus et le savoir de Sidi-Ahmed égalaient sa renommée, envoya chez lui ceux de ses uléma qui étaient réputés les plus versés en toutes sciences, et leur ordonna de faire passer une sorte d'examen au saint marabout. Ceux-ci se promettent bien d'avoir facilement raison d'un sahari comme Sidi-Ahmed, et ils entrèrent chez lui décidés à le tourner ensuite en dérision.

Mais lorsqu'ils se trouvent devant Tedjini, celui-ci, sachant par intuition le but de leur visite, se met à leur dire : *Sur quoi allez-vous m'interroger ?* A ces mots, les ulema interdits n'osèrent plus, en présence du saint homme, prononcer une seule parole, et ils se retirèrent en lui donnant les marques du plus profond respect.

Après ses uléma, le sultan lui-même vint voir Sidi-Ahmed ; il cause longuement avec lui et est émerveillé de sa sainteté et de sa science ; il veut montrer à tous l'estime qu'il a pour Tedjini, il lui fait présent d'un palais magnifique, lui donne un grand nombre de nègres et de négresses pour son service, lui concède une quantité considérable de terres, lui fait construire une mosquée spéciale et lui octroye le droit de rendre la justice aux gens de sa maison et décide que nul ne pourra porter plainte devant les tribunaux contre les personnes appartenant à Sidi-Ahmed.

On raconte, à ce sujet, une anecdote dont l'authenticité ne saurait être contestée. Un vendredi, Sidi-Ahmed se rendait, suivant sa coutume, à sa mosquée monté sur sa mulle richement caparaçonnée, précédé, suivi, entouré d'une foule nombreuse d'esclaves, de serviteurs, de disciples, de clients.

Or, ce même jour et quelques instants auparavant, un de ses nègres s'était pris de dispute dans les rue de Fez avec un habitant de la ville et l'avait tué. Des passants, témoins de cette scène, s'emparèrent du noir et, apprenant qu'il appartenait au marabout, ils le lui amenèrent pendant le trajet de son palais à sa mosquée. Lorsque Sidi-Ahmed vit son esclave et qu'il eut appris, des témoins du crime, le meurtre commis, il arrête sa mulle et, sans en descendre, il prononce en regardant le nègre ces simples paroles : *Celui qui a tué doit périr* ; à ces mots le meurtrier tombe mort, foudroyé par le seul regard du marabout.

Ce fait et bien d'autres semblables avaient pour témoins tous les habitants de Fez. Ils admiraient aussi la charité inépuisable du saint marabout, et chaque jour de nouveaux kouan s'affiliaient aux Tedjedjena ; aussi à sa mort, arrivée en 1796, on lui fit des funérailles magnifiques ; il fut enseveli dans un tombeau construit dans la mosquée que le sultan lui avait fait bâtir. Depuis, cette tombe est constamment ornée avec magnificence, recouverte d'étoffes précieuses et entourée de cierges peints et parfumés qui brûlent nuit et jour.

Sidi-Ahmed laissait deux fils, mais avant de mourir il avait désigné pour kalifa des kouan-Tedjedjena, Sidi-Hadj-Ali, le mokadem de la zaounia que l'ordre avait à Temacin, queçar du Sahara, au sud de Toughourt. Dans sa sagesse, le grand marabout Sidi-Ahmed avait voulu assurer la prospérité de son ordre, et il en confiait la direction à celui de ses kouan qui lui paraissait le plus digne.

De même que Sidi-Ahmed avait été honoré de l'amité et de l'estime des empereurs du Maroc-Hadj-Ali le fut de celle des bey de Tunis. Le bey de Hussein dépensa plus de quatre-vingt mille francs pour faire construire un four et des bains à l'Hadj-Ali. Sidi-Ahmed avait eu sa ville attaquée par les Turcs et préservée miraculeusement; le sultan de de Tourgourth, Ben-Djellab, vint attaquer Temacin et, quand il fut devant les jardins de la ville, chaque palmier se mit de lui-même à faire feu, et Ben-Djellab se retira vaincu par des soldats invisibles. L'Adj-Ali mourut en 1844; il désigna pour lui succéder Mohamed-El-Seguir, le deuxième fils de Sidi-Ahmed, qui, lui, à sa mort, arrivée en 1853, indiqua pour son successeur Mohamed-el-Aid, fils de l'Hadj-Ali qui était le kalifa de l'ordre lorsque je me trouvais à Aïn-Madhi.

Il est temps de revenir à cette ville où les fils de Sidi-Ahmed retournèrent après sa mort, ils n'étaient que deux frères, portant tous les deux le nom de Mohamed; on les désignait, l'aîné par le surnom d'*El-Kebir* (le grand), le jeune par celui d'*El-Seguir* (le petit).

Mohamed-El-Kebir, à la mort de son père avait été reconnu comme sultan par la population de la ville et du territoire d'Aïn-Madhi, et par de nombreuses tribus du Sahara, notamment les Laârba, les Mekhalif *azreug*, bleu, et les Mekhalif *gereub*, galeux. El-Kebir avait un caractère emporté; il était rempli d'ambition; ayant fait périr ceux de ses parents ou des familiers de son père qui lui donnaient de sages conseils, il écouta ceux qui flattaient ses passions et se déclara ouvertement contre les Turcs. Aussi le dey Hussein ordonna, en 1820 à Hassan, dernier bey d'Oran, de prendre Aïn-Madhi ; celui-ci ne put réussir dans cette entreprise ; grâce aux murailles élevées par Sidi-Ahmed, la ville pouvait résister à plus d'un assaut, et les populations des environs eurent le temps de venir au secours de la garnison d'Aïn-Madhi, les Algériens furent repoussés avec des pertes énormes.

Mohamed-El-Kebir, enorgueilli par ce succès, prit alors l'offensive et dirigea diverses opérations contre le Tell Oranais, il s'empara même de la ville de Mascara et comptait chasser les Turcs d'Oran, lorsque, trahie par des cavaliers du Tell qu'il avait pris à sa solde, son armée fut défaite et taillée en pièces. Il était d'une obésité monstrueuse ; il ne put fuir ; quatre cents de ses fidèles Sahariens l'entouraient ; les Turcs durent tous les passer au fil de l'épée avant de pouvoir arriver au marabout ; pas un seul n'échappa. Tedjini fut pris ; on lui coupa la tête ; elle fut ensuite empaillée et envoyée à Alger, où elle resta longtemps exposée au-dessus de la porte principale de la Casbah.

Mohamed-El-Seguir succéda à son frère. Il se hâta de faire la paix avec les Turcs et vécut dans sa ville, ne s'occupant que de prière et de bonnes œuvres.

Abd-el-Kader, qui avait besoin d'une place forte dans le Sahara, vint mettre le siége devant Aïn-Madhi en 1838 ; ne pouvant entrer de force dans la ville, il usa de ruse et s'en empara par trahison, ruina la ville, et devasta les jardins. En 1839 Tedjini commença à relever ses murs, ce sont ceux qui existent actuellement, fit rebâtir sa ville et replanter ses jardins. En 1843, il faisait sa soumission à la France et, en 1844, ainsi que nous l'avons vu, il réunissait dans sa personne la double dignité de chef de la famille et de chef de l'ordre des Tedjedjena. Lorsque Tedjini mourut, en 1853, lui, qui n'avait jamais voulu voir ni être vu par aucun souverain ou chef, venait d'être invité par le gouvernement de l'Algérie, à aller à Alger, il avait promis de se rendre à cette invitation, mais il avait déclaré à ses disciples que Dieu saurait bien lui épargner l'humiliation de voir et de saluer un chef chrétien; il mourut en effet au moment où tout était prêt pour son départ. A sa mort le marabout ne laissait que des filles, et toute sa puissance allait passer entre les mains des marabouts de Temacin.

Cela ne faisait pas les affaires, on le comprend bien, des gens d'Aïn-Madhi et surtout des familiers des marabouts; l'un deux rappela que dans le temps Tedjini avait renvoyé une de ses négresses, que cette femme avait un fils de Sidi-Mohamed et de plus qu'elle était enceinte.

L'on se mit immédiatement à la recherche des enfants dépositaires de ce précieux sang, la négresse fut retrouvée, elle était mère de deux fils qui furent reconnus pour les héritiers de Sidi-Mohamed. La mère et les enfants étaient à Guelma dans la position la plus infime ; l'aîné des garçons avait en 1857, lorsqu'on le retrouva si miraculeusement, quatorze ou quinze ans, il portait comme son illustre grand'père le nom d'Ahmed ; le plus jeune s'appelait Bechir. Dès que les deux enfants sont trouvés, l'on change les haillons sordides qui les couvrent contre de beaux habits faits avec la soie et la laine la plus fine, on les fait monter sur de belles mules recouvertes d'un caparaçon de soie et d'or.

Les gens d'Aïn-Madhi, formant une caravane qui ressemble à une procession, quittent Guelma et prennent la route du Sahara. L'on vient de toute part voir les jeunes marabouts, baiser leurs vêtements et jusqu'aux harnais de leurs montures; tous ceux qui s'approchent ont les mains pleines et apportent de riches présents. Tout le long de la route les Tedjedjeua font des miracles, comme si de leur vie ils n'avaient fait autre chose ; et c'est avec la plus grande dignité qu'ils accordent leurs *barraka* (bénédiction par l'imposition des mains), mais nul n'aurait osé solliciter une telle faveur s'il n'avait eu une somme d'argent importante à donner.

Rentré dans sa bonne ville d'Aïn-Madhi, Sidi-Ahmed se mit à vivre en bon marabout, améliora l'intérieur de sa maison, il y fit même construire un moulin, dont la meule est tournée par des chevaux et qui est dirigé par un français. Il avait de nombreuses épouses et de nombreuses concubines aussi, les unes blanches et les autres noires, et passait son temps, comme ses ancêtres, à aller de son sérail à sa mosquée.

En 1870 il vint en France, et à Bordeaux, il s'éprend d'une jeune française, Mlle Picard, dont le père a servi dans la gendarmerie, et cette jeune fille devient, avec le consentement de ses parents, la femme du petit-fils de Sidi-Ahmed-Tedjini, le grand marabout, qui fut vainqueur des Turcs, ami des empereurs du Maroc, celui dont les restes sont vénérés à Fez, l'illustre fondateur d'un ordre qui a des adhérents dans toute l'Afrique septentrionale, chez les nomades du Sahara, les Touareg du Hoggar et les nègres du Soudan.

Le mariage de Sidi-Ahmed avec Mlle Picard n'ôte rien à sa sainteté de marabout; il a fait, en l'épousant, une chose licite d'après le Coran, où il est dit :

« Aujourd'hui, on vous a permis tout ce qui est
« bon; la nourriture de ceux qui ont reçu les Écri-
« tures est licite pour vous, et la vôtre l'est égale-
« ment pour eux. Il vous est permis d'épouser les
« filles honnnêtes des croyants et de ceux qui ont
« reçu les Écritures avant vous, pourvu que vous
« leur donniez leur récompense. Vivez chastement
« avec elles, en vous gardant de la débauche, et
« sans prendre de concubines. Celui qui trahira sa
« foi perdra le fruit de ses bonnes œuvres, et sera
« dans l'autre monde au nombre des malheu-
« reux. » **La Table 7.**

J'ai vu dans son salon à Laghouat Mme Ahmed-Tedjini; elle forme avec son mari le contraste le plus curieux : lui, est très-grand, très-gros, presque noir, fortement marqué par la petite vérole; il porte le costume arabe dans toute sa splendeur, drapé dans ses blancs burnous; il a la tête ceinte d'une immense corde en poil de chameau qui en fait des centaines de fois le tour, retenant son haïk et formant un énorme turban composé des losanges les plus réguliers ; assis dans un grand fauteuil et le chapelet à la main, il a bien la physionomie voulue. Sa femme est toute mignonne, vêtue en toilette de bal, couverte de bijoux; elle porte généralement sur la tête une sorte de diadème ; elle a pris sur son mari un très-grand empire; elle est fort aimée de tous les serviteurs et de tous les clients qui composent la maison du marabout; elle la dirige complétement ; elle sait commander et elle commande. Seule, elle prend soin d'un fils que son mari avait d'une de ses femmes, et cet enfant ne veut plus quitter la **Dame**.

Une partie de l'année, Mme Tedjini habite Laghouat; elle passe l'hiver, avec son mari, à Alger où elle a une magnifique villa sur les côteaux de St-Eugène. Chaque année, elle va avec son mari passer quelques jours à Aïn-Madhi, où Sidi-Bechir, son beau-frère, réside habituellement.

Le 6 janvier, je me lève au jour et je vais me promener ; je désire voir les jardins; pour sortir je suis obligé de me faire ouvrir les portes du queçar, je crois que c'est une coutume de les tenir ainsi fermées; je demande d'où elle provient, il m'est répondu qu'elles sont ouvertes d'habitude pendant le jour et qu'elles ne se ferment qu'à la nuit, mais que dans la matinée des gens du Djebel-Amour sont arrivés avec leurs bœufs porteurs, et qu'on les a closes pour empêcher les animaux de sortir.

Les jardins d'Aïn-Madhi sont irrigués au moyen de petits canaux d'eau vive qui les traversent ; le nom seul de ce queçar indique un lieu où l'eau est abondante ; *Aïn* en arabe veut dire *fontaine, source* ; Madhi est un nom d'homme diminitif de Madhani, nom très-répandu dans le Sahara.

Sur les huit heures, je rentre dans la ville ; je suis frappé du grand nombre de nègres que je rencontre et de la physionomie recueillie de ses habitants. Ils marchent tous les yeux baissés en égrenant leurs chapelets. Après avoir flané à droite et d gauche, je vais visiter la mosquée ; elle est située sur une petite place, auprès du palais des marabouts ; elle est d'une construction régulière ; au centre une coupole très-élevée et terminée par une lanterne de pierre fait le meilleur effet ; sous cette coupole sont les tombes des deux fils de Sidi-Ahmed-Tedjini, elles sont l'une et l'autre recouvertes de drap de soie et d'or ; de riches oriflammes aux brillantes couleurs sont pendues auprès ; de grand chandeliers en fer forgé, curieusement ciselés, sont remplis de cierges parfumés, peints et dorés qui y brûlent constamment. Des artistes du Maroc ont couvert les murs de la mosquée de peintures dans le goût hispano-mauresque ; d'autres sont venus de Tunis et ont fouillé dans le stuc, qui forme les corniches des plafonds, les encadrements des portes, les niches, où les tolba se mettent pour lire le Coran, de curieuses abaresques. Le parquet et les murs, jusqu'à hauteur d'appui, sont recouverts de brillants carrelages de Livourne ; des nattes et des tapis sont étendus par terre pour la prière. Un tronc est dans la chapelle, j'y mets mon offrande ; un taleb récite à mon intention une prière, et je sors de la mosquée.

A la porte, je trouve une quarantaine d'Aïn-Madhiens, l'un d'eux me demande si je ne veux pas voir le marabout; je réponds : Volontiers. Nous entrons dans le palais; il est formé d'une suite de grandes maisons à plusieurs étages de contruction et de style différents qui constituent un ensemble de bâtiments considérables. Des cours, des jardins, des arsenaux, des magasins pour serrer toutes les richesses des marabouts et les cadeaux qu'on leur fait, des greniers et des caves pour leurs provisions, des écuries pour leurs chevaux et leurs mules, des remises pour leurs voitures, des ateliers de menuiserie, une forge, un moulin occupent ces bâtisses, qui contiennent aussi des logements pour le nombreux personnel de leur maison, les appartements particuliers des marabouts et de leurs femmes, leur bibliothèque, leurs salles de réception et les pièces destinées aux hôtes.

L'on me fait entrer dans une cour, traverser de longs et noirs couloirs, monter des escaliers, passer sur des terrasses, redescendre encore dans une cour, pénétrer sous un autre couloir, grimper un raide escalier, passer de nouveau sur une terrasse et entrer dans une vaste pièce dont les murs ne sont pas même recrépis, et je m'arrête devant une porte fermée. Les gens qui m'ont accompagné se retirent respectueusement en arrière, et je suis seul formant le centre d'un demi-cercle.

Tout à coup la porte se rabat contre le mur comme si elle était ouverte par un truc de théâtre; je vois sous la porte un jeune homme, presque un enfant, très-gros, très-marqué de la petite vérole, très-noir; c'est Sidi-Bechir. Il me fait le salut arabe, en mettant les deux mains sur son cœur (ce qui veut dire je vous y place). J'ai pour coiffure un tarbouche, je lui réponds par le salut turc; il consiste, on le sait, à mettre la main sur le front, la bouche et le cœur, ce qui signifie : je vous porte sur ma tête, je vous loue par ma bouche, je vous place dans mon cœur.

Tous ces salamalecs terminés, Sidi-Bechir, qui a derrière lui plus de soixante personnes et qui comme moi forme le centre d'un demi-cercle, dit quelques mots excessivement bas, et sans changer de position, à l'un de ses gens placé à sa gauche et en dehors du cercle; celui-ci me dit en très-bon français : « Monsieur, Monsieur Béchir Tedjini est « heureux de vous voir, il vous demande si vous « êtes content de la réception qu'on vous a faites « dans sa ville, et si vous n'avez besoin de rien ? »

Je me retourne et je vois à ma gauche Mohamed : Remercie-les, lui dis-je; et Mohamed qui est joli garçon et beau parleur, fait un discours en trois points pour remercier Sidi-Béchir, lui dire combien je suis satisfait, l'assurer que rien ne me manque, appeler les bénédictions du ciel sur le marabout et sa famille, sur moi et ma famille, et enfin sur lui Mohamed, sa famille, les assistants et leurs familles. Quand mon loquace orateur a enfin terminé sa harangue, la porte se referme comme elle s'est ouverte : *è finita la commedia*.

Les gens qui m'accompagnent paraissent tous heureux de ce que je me suis prêté au cérémonial qu'ils ont arrangé et ils m'accablent de politesses, de protestations d'amitiés et de dévouement.

Je ne veux point quitter le palais sans rendre visite à un français qui y réside et est chargé de soigner le moulin. Je vois un petit vieux, très-content de son sort, attaché aux gens et au pays et qui, quoique seul de sa nation, vit très-heureux au milieu de tous ces bédouins ; il est mécanicien de son état, répare les armes et les montres, et fait toutes sortes de travaux pour les gens de la maison ; ayant d'une façon ou d'une autre rendu service à chacun d'eux, il est bien vu de tous.

De là, je rentre à la maison des hôtes ; des israélites de Laghouat, qui sont venus apporter de la mercerie, viennent me voir. Aïn-Madhi, bien que comptant plus de cinq cents fusils, n'a point de boutique, et ce queçar est exclusivement approvisionné par les colporteurs juifs ou kabiles qui parcourent le Sahara.

Au coucher du soleil, les gens de la Djemâa me font apporter un succulent dîner, et restent une partie de la nuit à me conter des histoires et des anecdotes sur Aïn-Madhi et ses marabouts ; les unes sont ici reproduites, les autres, je les réserve pour les raconter à mes amis, lorsque les pieds sur les chenêts et la pipe à la bouche, ils me font évoquer pour eux, au doux murmure de la bouilloire, le Sahara, son steppe immense, son ciel de feu, ses folles fantasia, les récits de chasse et de combat écoutés sous la tente et les curieuses légendes recueillies dans les queçour du désert.

Le 7 janvier, au jour, je monte à cheval. Les habitants d'Aïn-Madhi m'ont envoyé des provisions de bouche en cadeaux et la djemâa veut qu'un de des cavaliers m'escorte jusqu'à Laghouat ; de nombreux Aïn-Madhiens m'accompagnent jusqu'aux portes de la ville, où ils prennent congé de moi en me faisant des souhaits d'heureux voyage ; je les remercie de leur bonne hospitalité, et je m'engage dans une route encaissée entre les murs des jardins. Elle débouche dans une vaste plaine couverte d'alfa, légèrement mamelonnée ; elle sépare le queçar d'Aïn-Madhi de l'oasis de Laghouat.

Après avoir chevauché quelques temps, je me retourne pour juger de l'aspect qu'a de loin la résidence de Tedjini ; je lui trouve fière mine, campée comme elle est au sommet d'une butte, la seule qui se trouve dans la contrée ; le centre de la ville est occupé par la mosquée dont la gracieuse coupole et les hauts minarets se profilent sur l'azur du ciel dominant toutes les autres constructions ; le palais des marabouts forme un grand carré irrégulier et a une certaine noblesse, causée par la quantité des bâtisses qui le composent. Les autres habitations sont cachées par le rempart qui, avec ses créneaux et ses tours carrées, rappelle ceux des forteresses du moyen-âge ; les jardins qui entourent cette muraille et l'oued qui coule à ses pieds donne de la vie et de la gaieté à l'ensemble du paysage.

Je marche dans une plaine qui a toute l'étendue de l'horizon ; elle est couverte d'alfa du plus beau vert ; elle n'offrirait aucun accident du sol qui puisse guider le voyageur si au milieu ne serpentait un long ruban blanchâtre qui a l'aspect d'une route ; il se dirige vers Laghouat. Ce chemin a été tracé par les voitures des marabouts, qui vont souvent d'Aïn-Madhi à Lagouat et *vice versâ* ; l'alfa foulé par les roues et les pieds des chevaux, s'est réduit en poussière et la terre nue s'est montrée. Cette terre, qui est argileuse, résonne sous le sabot des chevaux comme les grandes dalles qui pavent les voies romaines. A trois heures, j'arrive à Laghouat.

V

LES BENI-MZAB

Je passais le mois de février et une grande partie du mois de mars à visiter en détail le Mzab, faisant des séjours plus ou moins prolongés dans chacun des sept queçour de la confédération.

L'on appelle Mzab une confédération formée de sept villes réparties dans quatre oasis situées à six cents kilomètres au Sud d'Alger, entre Laghouat au Nord et Métili au Sud.

La première des oasis du Mzab que l'on rencontre en venant du Nord est celui de Berriane; sa position a été déterminée astronomiquement en 1850 par M. E. Renou.

Cette oasis ne contient qu'un seul queçar, celui de Beriane; elle peut avoir de quatre à cinq mille habitants; elle produit la meilleure qualité de dattes de tout le Mzab.

Vient ensuite, à quarante kilomètres au Sud de Beriane, l'oasis de Mzab proprement dit, qui compte au moins trente mille habitants, répartis dans quatre queçour distants l'un de l'autre de quatre à six kilomètres; ils forment un quadrilatère et ils sont tous bâtis au sommet de collines, ces queçour sont:

1º Au Nory-Gardaya, de quatorze à seize mille habitants, dont un bon tiers ne sont point Mzabites,

Gardaya est le seul queçar du Mzab où l'on trouve des juifs; ils vivent en nombre de cinquante à soixante familles dans un quartier séparé. Il y a à Gardaya un marché hebdomadaire important, et de très-beaux jardins.

2° A l'Ouest, Ben-Isguen compte de dix à douze mille habitants, tous Mzabites; c'est la ville du Mzab actuellement la plus prospère. Il s'y fait un commerce important; c'est à Ben-Isguen que viennent se rendre presque tous les nègres et surtout les négresses que les gens d'In-Çalah amènent du Soudan.

3° Au Sud, Bou-Noura (le père de la lumière); ce fut la ville la plus importante de la confédération; actuellement elle tombe en ruine, elle a été réduite en cet état par les dissensions intestines de ses habitants; elle n'a pas aujourd'hui deux mille âmes; ce sont la plupart des hommes bannis des autres villes de Mzab.

4° Au Sud-Ouest, Melika (la royale); c'est la ville sainte du Mzab, la résidence du Cheikh-El-Baba; elle peut avoir de quatre à cinq mille habitants; un certain nombre sont des Chaâmba originaires de Metlili.

A douze kilomètres au Sud-Est de l'oasis proprement dit de Mzab se trouve celle d'El-Atteuf, appartenant aussi à la confédération; il n'a qu'un seul queçar avec cinq ou six mille habitants; c'est de toutes les oasis des Mzabites celle où l'on trouves les plus beaux jardins et les plus grandes cultures.

Enfin à soixante kilomètres au Sud-Est d'El-Atteuf est située l'oasis de Guerrara, la plus méridionale de la confédération. Elle n'a qu'un seul queçar avec sept mille habitants. Elle est située dans un site pittoresque, sa muraille est à moitié ensablée ; l'on y remarque aussi une maison des hôtes construite à quatre étages ; c'est probablement la seule de tout le Sahara.

Les habitants du Mzab, appelés Mzabites ou Beni-Mzab, forment un petit peuple de Berbères Berbérissants de cinquante à soixante mille âmes, qui ont su jusqu'à présent se préserver de toute contamination étrangère.

Comme tous les Berbères, les Beni-Mzab ont accepté l'islam. Cette apostasie de toutes les nations qui habitaient l'Afrique septentrionale, est un des faits les plus curieux que l'histoire ait eu à enregistrer ; au moment de l'invasion arabe en 643 le Mogreb tout entier était occupé par des populations chrétiennes ou juives ; il est certain que tous les chrétiens et presque tous les juifs, se sont faits mahométans. Ces conversions ne doivent pas être attribuées, ainsi qu'on pourrait le croire, à des rigueurs exercées en Afrique plus considérables que celles qu'ont eu à subir de ces mêmes conquérants les chrétiens et les Juifs de l'Arabie, de l'Égypte etc., où une grande partie de la population a conservé le christianisme et le judaïsme, tout en acceptant la domination des Mahométans.

Ce fait de l'apostasie des Berbères paraîtra moins extraordinaire, si l'on se rappelle que ces populations avaient déjà dû subir un changement de religion ; les Vandales lorsqu'ils envahirent l'Afrique au sixième siècle, y avaient implanté l'arianisme par le fer, le feu et le sang. Déjà au quatrième siècle les chrétiens africains étaient fort divisés ;

qui ne sait les luttes existantes entre ceux qui suivaient l'église de Rome, les Donatistes, les Manichéens, les Pélagiens, etc ? Au moment de l'invasion arabe les dissensions religieuses avaient mis le trouble dans tout le pays ; il n'y avait pas si petite bourgade qui n'eût plusieurs évêques s'excommuniant les uns les autres ; les familles étaient divisées, et il n'était pas rare de voir le père d'une secte, la mère d'un autre, le fils d'une troisième, la fille d'une quatrième, ainsi de suite.

Aussi un grand nombre de Berbères chrétiens acceptèrent-ils facilement une nouvelle religion qui se donnait comme la suite du christianisme et qui pouvait mettre fin à leurs luttes religieuses.

Les Mahométans disent que Jésus-Christ a prédit la venue de Mohamed, Ahmed, du Paracletos (*Evang. Joannes.* XVI, 17,) et ils appuient cette prétention sur plusieurs versets du Coran, notamment sur celui où il est dit :

« Jésus, fils de Marie, disait à son peuple : O
« enfants d'Israël ! je suis l'apôtre de Dieu envoyé
« vers vous, pour confirmer le Pentateuque qui
« vous a été donné avant moi, et pour vous annon-
« cer la venue d'un apôtre après moi, dont le nom
« sera Ahmed. Et lorsqu'il (Jésus) leur fit voir des
« signes évidents, ils disaient. C'est de la magie. »
Ordre de bataille 6.

Tous les Berbères ne renoncèrent pas immédiatement à leur autonomie ; il y eut des luttes héroïques, dans lesquelles, oubliant tout ce qui les séparait, ils ne pensaient plus qu'à défendre le sol sacré de la patrie. Dans une de ces luttes périssait l'émir Okba-ebn-Nafé, qui n'avait arrêté ses con-

quêtes qu'après avoir défait les Berbères Lentouma et être arrivé sur les bords de l'Océan. « Là, dit En-
« Novari, il fait entrer son cheval dans la mer jus-
« qu'au poitrail, lève la main au ciel et s'écrie :
« *Seigneur, si cette mer ne m'arrêtait, j'irais dans les*
« *contrées éloignées et dans les royaumes de Din-El-*
« *Carniin en combattant pour ta religion et en tuant*
« *ceux qui ne croient pas à ton existence ou qui ado-*
« *rent un autre Dieu que toi.* Puis il dit à ses com-
» pagnons : *Retournons en arrière avec la bénédiction*
« *de Dieu.* »

Okba trouva la mort dans un combat qu'il eut à livrer au chef Berbère Koccila, à Tehenda, non loin de l'oasis qui porte son nom, Sidi-Okba, au sud de Biskra et où l'on voit encore aujourd'hui son tombeau. Après cette victoire Koccila s'empara de la ville sainte de Kairouan, et régna 5 ans (682 à 687), Koccila était catholique romain.

A la mort de Koccila, défait (en 687) par le général Zohéir-ebn-Caïs, émir du Kalife-Omniade d'Orient Abd-el-Melek, c'est une femme, Damia la Kahena, ou l'enchanteresse, qui réunit les Berbères sous son étendard et refoule les musulmans pour plusieurs années dans le désert de Barca. Cette reine Berbère, pour sauver l'intégrité de sa patrie, prit un parti héroïque : elle fit détruire les plantations et les constructions qui formaient dans l'Afrique du nord, de Tripoli à Tanger, une chaîne non interrompue de villes, de forteresses et de villages. La Kahena devait être la dernière à lutter contre l'Islam et lorsqu'elle tomba (en 698), les armes à la main, défaite par l'émir Hassan-ebn-

Ninan, il semble que l'énergie tout entière des Berbères se soit évanouie avec cette femme, qui sut un moment faire vibrer chez ses concitoyens les sentiments du plus pur patriotisme.

Les Berbères, même les deux fils de la Kahena, ayant accepté le mahométisme, les uns, Kabyles, Zouava, etc., se retirent dans les montagnes de l'Afrique du nord ; d'autres se mêlent complétement aux conquérants arabes : ce sont les Maures, et c'est à eux qu'est dû la civilisation, les arts qui brillèrent d'un si vif éclat dans le Mogreb; à eux aussi sont dûs l'art et la civilisation improprement appelés hispano-arabe. Ce sont des Berbères qui conquirent en grande partie l'Espagne ; c'est eux qui l'organisèrent et qui firent élever ces monuments merveilleux qui font vivre, au milieu de la péninsule chrétienne, le souvenir de la domination musulmane. Il y en eut d'autres, les Souafa, les Touareg, les Beni-Mzab, etc., qui se retirèrent dans le Sahara, et ils y ont conservé dans leurs oasis les vestiges d'une civilisation qu'ils tiennent de Carthage et de Rome, et le libre gouvernement municipal.

Ils ont aussi conservé, quoique mahométans, l'usage de l'année solaire, et ils donnent à leurs mois des noms qui rappellent les nôtres : *Jenuair, Fefrair, Mars, Abril, Mais, Junis, Rust, Stembre, Ktobr, Nvembr, Dsembr*, et ne se servent du calendrier musulman que pour les fêtes religieuses.

Les Mzabites, à qui il nous faut revenir, sont musulmans, mais ils n'appartiennent à aucun des quatres rites orthodoxes qui divisent les mahométans ; ils sont compris dans ce nombre considérable d'hérétiques que les vrais croyants désignent sous le nom de *kramsia* (cinquième).

Le fond de la croyance des Mzabites est basée sur la lettre du Coran ; ils ne reconnaissent aucun commentateur et n'admettent nullement la noblesse religieuse des marabouts : ils ne croient pas que la vertu puisse être donnée comme un nom par la filiation. Dans la pratique de leur religion, ils ont conservé plusieurs coutumes qui paraissent dérivées du christianisme ou du judaïsme, que ces populations ont très-probablement professé.

Ils font par exemple des ablutions beaucoup plus complètes que les arabes ; ils ont dans leurs mosquées de petits cabinets dans lesquels se trouvent des cuves où ils se lavent le corps. Les Israélites faisaient de même pour les purifications prescrites par la loi de Moïse.

A certaines époques de l'année ils se réunissent pour prier dans les cimetières, où ils font ensuite un repas dans une maison qui n'a que cette destination et qui se trouve dans tous les cimetières du Mzab. C'était un usage des chrétiens de l'Afrique contre lequel fulminait, au IV° siècle, saint Augustin, évêque d'Hippone.

Lorsqu'un homme a commis quelque faute grave ils prononcent contre lui la peine du bannissement, véritable excommunication. Un banni devient complétement étranger ; ses biens sont confisqués au profit de la mosquée ou distribués à ses héritiers. Le banni est considéré comme mort ; il devient une chose immonde ; il ne peut plus entrer dans aucune ville du Mzab ; aucun de ses concitoyens ne peut, sans encourir des peines sévères, loger sous le même toit que lui ; lui donner une nourriture quelconque, ne serait-ce que de l'eau, est considéré comme une faute grave, et l'on est réputé avoir failli et obligé de payer l'amende si l'on laisse, même par mégarde, son burnous frôler contre le vêtement d'un banni.

Toute faute, depuis la plus grave jusqu'à la plus légère, peut être rachetée au Mzab d'une façon bien curieuse. Un Beni-Mzab, qui sent sa conscience peu en ordre, se rend, un vendredi, au moment de la prière, à la mosquée ; il se met au milieu du temple, dans la posture d'un suppliant, quand tous les fidèles sont réunis ; le prêtre, avant de commencer, lui demande ce qu'il veut ; le patient déclare devant toute l'assistance qu'il est coupable ; il énumère les fautes qu'il a commises et finit en demandant pardon. Il est admonesté par le prêtre, qui lui promet le pardon s'il veut s'astreindre à la pénitence qui lui sera imposée et qui consiste à rester pendant un temps, plus ou moins long, privé de tout rapport avec ses coreligionnaires, quoique vivant au milieu d'eux. N'est-ce point là la confession publique et la pénitence du christianisme des premiers siècles ?

L'autorité des prêtres (la Djema, *mosquée, église*), qui prennent le nom modeste de *Tolba* (étudiants, au singulier Taleb), est considérable au Mzab, tandis que le pouvoir civil (la Djemâa), dont je parlerai tout à l'heure, est restreint à l'administration d'une seule ville. La Djema a une domination complète sur la confédération tout entière. Ce clergé a une organisation qui rappelle celle de l'église romaine ; à sa tête, se trouve un chef unique, appelé Cheikh-el-Baba (*vénérable père, ancien père*) il est nommé par le chef des Tolba de chaque ville, qui peuvent être assimilés aux évêques, et c'est ce Cheikh-el-Baba, ce pape, qui nomme de son vivant les chefs des Tolba.

Le pouvoir judiciaire tout entier est entre les mains de ces prêtres ; c'est eux qui condamnent sans appel les infractions aux lois du Mzab. Quelques-unes de ces lois doivent être indiquées ici.

Il est interdit aux Beni-Mzab d'épouser une femme de race étrangère. L'infraction à cette loi est punie du bannissement perpétuel.

Les femmes mariées et les filles ne peuvent quitter le Mzab sous quelque prétexte que ce soit ; la peine est encore le bannissement perpétuel.

Un Mzabite ne peut voyager avant d'être marié, et s'il n'a pas d'enfant il doit, avant de partir, jurer qu'il laisse sa femme enceinte ; cette dernière loi est depuis quelque temps tombée en désuétude.

Les peines que peuvent infliger, d'après la loi, les Tolba sont, pour les fautes graves, le bannissement à temps ou à perpétuité ; pour les moindre, la *falaka* (bastonnade) ; la peine de mort et la prison sont inconnues ; les amendes sont infligées par les Djemâa pour infraction aux règlements municipaux.

Les mosquées ont de grand biens (habous), et chaque citoyen est obligé à donner, suivant ses moyens, un tribut aux églises. Dans les temples du Mzab, comme dans nos anciennes paroisses, se tiennent des registres de l'état-civil où sont soigneusement enregistrés les naissances, les décès, les mariages.

Le mariage est au Mzab un acte sérieux ; la famille y est fondée sur des principes analogues à ceux des occidentaux ; le Mzabite est monogame, n'achète point sa femme, au contraire elle lui apporte une dot, et quoique la femme mariée ne sorte point au Mzab, elle a une grande influence sur toute sa famille et se laisse voir des parents et des amis qui fréquentent sa maison. Le divorce existe bien au Mzab, mais il est très-rarement appliqué; les Tolba ne l'accordent que pour de graves motifs.

Les registres de l'état-civil ne sont point les seuls que tiennent les prêtres Mzabites, ils rédigent aussi des chroniques dans lesquelles sont consignés tous les faits qui se passent au Mzab, ou qui peuvent l'intéresser.

L'on conserve aussi les procès-verbaux détaillés des réunions que fait le Cheikh-el-Baba de tout son clergé à des époques indéterminées et où se décident toutes les affaires religieuses ou autres qui intéressent la généralité de la confédération ; là, comme autrefois dans les conciles catholiques, le pouvoir civil est représenté et les membres des djemâa du Mzab siègent à côté de ceux de la djema sous la présidence du Cheikh-el-Baba.

Chaque ville du Mzab s'administre séparément au moyen d'une *djemâa* (assemblée de notables), dont les membres, comme l'étaient les sénateurs de Rome (*patres*), les anciens de Carthage et ceux des conseils qui gouvernaient les villes des Phocéens, (1), sont choisis parmi les chefs des anciennes fa-

(1) A Marseille, tout le pouvoir était entre les mains d'un conseil composé de 600 membres (τιμουχοι) dont les places étaient à vie ; mais il fallait qu'ils fussent mariés, qu'ils eussent des enfants et qu'ils comptassent trois générations d'aïeux citoyens. A la tête du Conseil étaient quinze hommes, et la suprême autorité résidait entre les mains de trois magistrats supérieurs, **A. H. L. Heeren**, manuel de l'histoire ancienne; traduction **Al. Thurot**, p. 193. *Paris, Didot, 1827.*

milles de chaque cité. Chaque djemâa élit trois *mokadem* (gardiens) qui s'occupent d'une manière plus spéciale de l'administration de la commune ; ils ont dans leurs attributions la police des marchés, de la voirie, et la répression de tous les délits qui peuvent être commis ; ce sont eux aussi qui sont chargés d'assembler la djemâa, de porter à sa connaissance les affaires qui l'intéressent et de faire exécuter ses décisions.

Les Beni-Mzab, perdus comme ils le sont au milieu du Sahara, exposés aux courses des Touareg, des Chaamba, etc , étant tous marchands et ayant des richesses considérables chez eux, ont dû se préoccuper des moyens de se mettre à l'abri de ces dangers, et ils ont su organiser une force militaire capable de les faire respecter. Dans chaque mosquée, se tient un rôle où est soigneusement marqué le nom de tous les hommes valides en état de porter les armes : il est indiqué sur ce même rôle si la personne est au Mzab ou si elle en est sortie, si elle a un cheval, un mulet. Chaque citoyen est obligé d'avoir chez lui et de représenter aux Tolba, chaque fois qu'il en est requis, un fusil, un pistolet, un sabre et une giberne, plus une provision déterminée de poudre et de balles.

Chaque ville est entourée d'une muraille soigneusement bâtie, dans les tour de laquelle veillent constamment plusieurs citoyens ayant leurs armes auprès d'eux.

Malgré cette milice, les Beni-Mzab ne se sont pas toujours crus assez forts, et ils ont quelquefois appelé à leur secours des nomades qu'ils ont pris à leur solde ; et cela souvent pour se livrer aux luttes intestines qui ont déchiré bien des fois leur confédération, qui est divisée en partis, comme l'étaient, au moyen-âge, les petites républiques italiennes.

Au physique, les Beni-Mzab se distinguent des autres Berbères en ce qu'ils n'ont presque pas de blonds parmi eux et des populations d'origine arabe, par leurs mains et leurs pieds très-développés et leur taille petite et ramassée. Les Beni-Mzab sont trapus, parce qu'ils ont, dit-on, l'habitude de rester accroupis dans des boutiques ; cette raison est mauvaise : les Juifs du Sahara sont généralement grands, et ils vivent tout autant dans les boutiques que les Beni-Mzab. Je crois que la courte taille du Mzabite provient plutôt du travail spécial auquel il est soumis dès l'enfance, et qui consiste à tirer, plusieurs heures par jour, sur une corde pour puiser de l'eau ; un travail analogue a amoindri la taille d'un grand nombre de populations maritimes de l'Europe.

Si au Mzab l'on occupe manuellement tous les jeunes garçons, l'on est loin pour cela de négliger leur éducation intellectuelle : ils passent, chaque jour, plusieurs heures dans des écoles tenues par les Tolba, et qui sont situées auprès des mosquées. Là, on leur apprend, avec les préceptes de la religion et les lois particulières au pays, à lire, à écrire et calculer en langue arabe ; l'idiome Berbère étant considéré comme un patois, ne s'enseigne pas. Plusieurs Mzabites font apprendre à leurs enfants les éléments de la langue française, qu'ils comprennent et parlent presque tous et qu'un certain nombre lit et écrit. Les Beni-Mzab, du reste, élèvent rudement leurs fils ; rarement ils les laissent jouer ; levés avec le jour, ils les envoient dans les jardins où ils puisent de l'eau pendant trois ou quatre heures consécutives. En quittant ces jardins, ils les font aller à l'école, et de l'école ils retournent travailler la terre, ou ils sont employés dans les boutiques de leurs parents.

Tous les Beni-Mzab s'occupent ou se sont occupés de commerce ; ils ont et au Mzab et dans le Tell algérien ou tunisien des comptoirs dans lesquels ils trafiquent de toute espèce de marchandises, font des opérations de banque, etc. Ils ont aussi, par les caravanes des Châamba et des Touatia, des relations avec le Touat et le Tildikeld d'où ils tirent du henna, du salpêtre, des plumes, des nègres et des négresses.

Leur industrie est assez développée ; ils se livrent en grand à la fabrication de la poudre, et ils ont de quatre à cinq mille métiers sur lesquels les femmes fabriquent des étoffes d'un tissu ordinaire mais très-apprécié ; les burnous, les haïks, les tapis du Mzab sont répandus dans toute l'Afrique du Nord et dans tout le Sahara, et le bas prix auquel une main-d'œuvre peu coûteuse permet de les livrer, leur assure toujours un écoulement rapide et certain ; par suite de cette fabrication, le prix des laines au Mzab se maintient constamment à un taux très-élevé.

Le début dans les affaires d'un Beni-Mzab, lorsqu'il n'est point commandité par un parent, un ami ou un ancien patron, consiste à aller dans le Tell vendre de ces tissus de laine. Quand un Mzabite est arrivé à Alger, Tunis, Constantine ou toute autre ville du Tell avec sa charge de tissus, il emploie l'argent que lui a procuré la vente de sa pacotille à ouvrir un étal de boucher ou une boutique de maraîcher, et il passe un ou deux ans ainsi occupé ; au bout de ce temps, un autre Mzabite avec qui il est associé, et qui est resté dans le désert soignant les palmiers et la maison de l'ami qui habite le Tell, arrivera pour le remplacer dans sa boutique ; lui, retourne au Mzab avec des marchandises et il ouvre un magasin dans son pays, et ces deux associés commenceront ainsi une maison de commerce, qui au bout de quelques années comptera plusieurs succursales, et avec le temps elle peut devenir très-puissante. Il y a des Beni-Mzab, aujourd'hui millionnaires, qui n'ont point eu d'autres débuts.

Je l'ai dit, les Mzabites sont monogames, et leurs femmes vivent constamment enfermées dans les maisons à filer et à tisser. Ces mille et mille commissions qui obligent nos ménagères à sortir à chaque instant du jour sont ici faites par les petites filles ; c'est elles qui donnent aux villes du Mzab de l'animation et de la gaieté ; elles sont fort gentilles et presque toutes jolies, ayant de grands yeux noirs et des traits réguliers, vêtues à peu près comme les autres filles du désert d'une robe en laine rouge ou bleue, retenue par des agrafes de métal et serrée à la taille par une ceinture ; elles 'ont aucune autre coiffure que leurs cheveux, qui sont arrangés d'une façon assez bizarre ; derrière la tête elles en font une sorte de couronne et de chaque côté des tempes une grosse coque. Cela leur donne une physionomie étrange ; elle est encore augmentée par l'usage où l'on est de leur badigeonner le bout du nez avec du goudron, pour les préserver du mauvais œil.

Les savants ont déjà discuté, sans conclure, pour savoir à quelle race primitive l'on peut rattacher les Beni-Mzab ; je croirais volontiers qu'ils appartiennent à la race sémitique, et que ce sont ou d'anciens israélites, ou qu'ils descendent de ces peuples qui habitaient la Palestine et avaient une foule d'usages communs avec les Hébreux, tels que la circoncision. Ne seraient-ils pas des Moabites qui vécurent pendant longtemps dans l'amitié d'Israël et furent tributaires de David ?

Et pourquoi ne trouverait-on pas dans les Mzabites des descendants des anciens Carthaginois ? Quelques colonies de ces riches et fiers marchands n'auraient-elles pas pu chercher, après la destruction de Carthage, un asile dans le Sahara ? Cette hypothèse expliquerait le soin religieux avec lequel ils ont toujours conservé la pureté de leur race et la tradition commune chez eux qui les fait originaires de l'Orient.

Lorsque les étrangers voulaient se moquer des Carthaginois ils leur reprochaient de manger des chiens ; tel est aujourd'hui le reproche que l'on fait aux Beni-Mzab, ils passent dans tout le désert pour se repaître de cette viande.

VI

LES CHAAMBA

Les Chaamba (chambi, au singulier) forment une grande tribu qui occupe le désert entre Ouargla, El-Goléa et Metlili ; ils se divisent en quatre fractions : deux, celles des Chaamba-Mekhadma et des Chaamba-Haber-Reh, sont rattachées à Ouargla ; une autre, celle de Chaamba-Mouhadi l'est à El-Goléa, et la quatrième, celle des Chaamba-Berazga, à Metlili.

A Laghouat, et pendant les quarante jours que je passai au Mzab, en 1873, j'avais eu l'occasion de me lier avec plusieurs membres de cette importante tribu, qui possède la route de l'Algérie au Tildikelt, et c'est avec eux que je me proposais d'accomplir mon voyage d'exploration à travers le désert.

Les Chaamba sont nomades ; un certain nombre cependant demeure constamment dans les queçour veillant aux jardins et aux maisons de leurs frères qui errent dans le Sahara à la suite de leurs troupeaux. Les Chaamba nomades ne s'éloignent jamais beaucoup de la ville à laquelle leur fraction est rattachée, et où ils possèdent généralement des maisons et des jardins. Ils n'habitent cependant jamais leurs maisons qu'en passant ; elles leur servent plutôt de magasins pour serrer leurs provisions et cacher les objets précieux qu'ils possèdent que d'habitation. Chaque année, tous les Chaamba viennent à deux époques différentes camper autour des oasis ; la première fois c'est au moment de la tonte des moutons, la deuxième à l'époque de la cueillette des dattes.

La fortune des Chaamba consiste en jardins, en maisons et en troupeaux de chèvres, de moutons et de chameaux: ils ont aussi quelques chevaux, des *mehara* (chameaux coureurs) estimés et un grand nombre d'ânes ; ils ont tous une certaine quantité d'argent caché dans leurs maisons des quecour.

Leurs moyens d'existence consistent dans les produits de leurs jardins, de leurs troupeaux et dans un peu de commerce qu'ils font pour le compte des Beni-Mzab, dont ils sont les facteurs dans leurs relations avec le Touat, le Gourara et le Tildikelt.

Ils augmentent aussi leur fortune par un procédé peu délicat, mais qui a le nom pittoresque de *razzi*, c'est le vol de bestiaux. Les Chaamba sont renommés pour ces expéditions : ils vont jusque sur les bords de l'Océan enlever des moutons et des chevaux aux Oulad-Menia et autres tribus du Sahara marocain, et dans le Djebel-Hoggar chez les Touareg prendre des chameaux et des ânes ; ils pillent aussi, quand l'occasion s'en présente, les caravanes.

Ces vols à main armée, dans lesquels les Chaamba déploient un courage et une énergie considérable, les font redouter et, il faut bien le dire, estimer dans tout le désert, où l'on tâche d'être bien avec eux, car l'on y sait que, pour peu qu'on leur en donne le prétexte, ils se vengent promptement.

Ils ont aussi des vertus : ils sont braves, excellents cavaliers, piétons infatigables, grands chasseurs d'autruche et d'antilope, très-hospitaliers et fidèles à la parole solennellement donnée, quoique dans les relations ordinaires de la vie ils se montrent encore plus menteurs que les autres arabes.

Toute la tribu des Chaamba reconnaît l'autorité de la grande tribu noble des Oulad-Sidi-Cheikh et lui paye régulièrement la *ziara* (impôt religieux).

Les Oulad-Sidi-Cheikh descendent d'un marabout vénéré qui se retira dans les environs de Géryville où il bâtit une ville qui a donné naissance aux queçour des Oulad-Sidi-Cheikh, et il est devenu le fondateur d'une grande tribu ; son autorité fut promptement reconnue par tous les Sahariens, depuis le Maroc jusqu'au Souf, et elle fut pendant longtemps une source de prospérité pour le désert, dont elle pacifia les turbulentes tribus en les soumettant à son joug religieux.

Aujourd'hui, bien que les Chaamba soient administrés par des caïds qui reçoivent l'investiture de la France et qu'ils passent pour être soumis à notre domination, la véritable autorité y est encore, celle des Oulad-Sidi-Cheikh, tout révoltés et séparés de nous qu'ils sont.

VII

ALGER

Du Mzab je rentre à Laghouat, persuadé que la route à travers le Sahara algérien m'est ouverte jusqu'au Tildikelh et que je pourrais vivre, tant au milieu des paisibles marchands du Mzab que des farouches Chaamba, aussi facilement que dans la contrée la plus policée de l'Europe, parce que j'ai su m'assurer au milieu d'eux des auxiliaires dévoués. La suite de ce récit montrera si mes prévisions étaient bien fondées.

N'ayant plus rien à faire dans le désert, je pars pour Alger, où je veux demander les moyens pécuniaires qui me sont nécessaires pour accomplir la grande exploration que je viens de préparer si laborieusement, préparation qui a absorbé le peu de mon argent qui n'avait pas été déjà englouti dans mes voyages d'Afrique de 1866 à 1870 ; car à Laghouat, malgré ma vie simple et privée, j'avais dû tant pour mes voyages que pour recevoir les nombreux indigènes avec qui j'étais en relation, dépenser une somme assez ronde.

Arrivé à Alger, en avril 1873, je présente à la chambre de commerce un projet d'exploration du

Sahara central de Laghouat à l'oasis d'In-Çalah. Ce projet était revêtu de l'approbation des deux hommes les plus compétents en de telles questions, le brave et savant général Mircher, ancien chef de la mission de Ghadamès et le docteur Warnier de regrettée mémoire, alors député d'Alger. Grâce à cet appui, et quoique l'entreprise parût irréalisable, j'obtenais de la chambre de commerce d'Alger la mission *de reconnaître la route d'Alger à l'oasis d'In-Çalah par Laghouat, le Mzab et El-Goléa, de présenter aux populations du Sahara central des échantillons de nos produits manufacturés et de tâcher de ramener avec moi, à mon retour, des négociants du Sahara central, porteurs de quelques marchandises du désert et du Soudan.* La chambre ouvrait une souscription pour faire les frais de ce voyage.

D'un autre côté, le ministère de l'instruction publique me confiait une mission météorologique dans le Sahara ; je la devais aux bons offices de MM. Charles Sainte-Claire, Deville et Renou, nos illustres météorologues, à qui j'avais été présenté par le docteur Paul Mares, le savant président de la société d'agriculture d'Alger.

J'eus, à Alger, avant mon départ, des moments bien difficiles ; je veux les oublier pour ne me rappeler que de la bienveillance de M. Henri, président de la chambre de commerce d'Alger, et de tous ses collègues ; de M. A. Bonnifay, le sympathique président du tribunal de commerce ; de M. O' Mac-Carty, le célèbre géographe algérien ; de M. Paul Blanc, économiste bien connu, qui fit, en sa qualité de conseiller général, un bienveillant rapport au Conseil général d'Alger ; des membres de ce conseil, qui voulut bien voter en ma faveur, pour être remise à la chambre de commerce, une subvention de 4,000 fr.; de ce bon M. Joseph Lyon, secrétaire-adjoint de la chambre de commerce, qui fut la cheville ouvrière de la souscription ; de toutes les personnes qui ont bien voulu y participer; de la presse algérienne qui, en entretenant le public de mes projets, m'avait valu de nombreuses sympathies.

Je ne veux point non plus oublier le dévouement de mon vieil ami Fourcade ; l'impétuosité avec laquelle mon vaillant ami Émile Masqueray a pris souvent ma défense, et les services que m'a rendus Paul Mollat comme journaliste et comme ami Je suis heureux d'avoir une occasion d'exprimer publiquement, à tous ceux que je viens de nommer, avec mes vifs remerciements, mes sentiments de sincère gratitude et de profonde reconnaissance.

L'AFRIQUE OCCIDENTALE
ALGÉRIE — MZAB — TILDIKELT

DEUXIÈME PARTIE

D'ALGER
A
L'OASIS D'IN-ÇALAH

Journal de Voyage.

Lundi 29 décembre 1873. — A six heures du matin, je prends, à la gare d'Alger, le train qui se dirige vers le Sud.

D'Alger, cette ville qui est aujourd'hui la plus parisienne de toutes les villes de France, jusqu'au village de la Chiffa, où je quitte le train, la voie traverse constamment de plantureuses campagnes couvertes de riches cultures ; l'on ne voit que vergers touffus, vertes prairies, gras pâturages ; l'on se croirait en Normandie ; l'illusion est complétée par la pluie fine qui tombe depuis hier.

A huit heures, je monte dans la diligence qui se trouve aux portes de la gare et qui doit me conduire à Médéah ; la route passe près d'une auberge bien connue des touristes et nommée *du rocher des singes*. Cette route traverse les gorges du Chéliff, vulgairement appelé gorges de la Chiffa, et qui peuvent, pour le pittoresque du paysage, rivaliser avec les sites les plus romantiques de la Suisse ou du Tyrol. Mais ne voulant point écrire un guide de l'Algérie, j'arrive de suite à Médéah, où la diligence s'arrête à une heure trente.

Dès mon arrivée, je me présente chez le général comte de Loverdo, à qui j'étais recommandé par M. O'Mac-Carty, son ami personnel et son camarade de collége; je reçois du général un sympathique accueil, et j'ai gardé un souvenir également agréable de la franchise du soldat et de l'aménité du gentilhomme.

Mardi 30 décembre. — Dans la matinée je fais différentes visites; je déjeune avec le général, qui vit en famille avec son aide de camp et son officier d'ordonnance. Le repas est gai, nous restons ensuite longtemps à causer; le général raconte avec verve des histoires très-gauloises; il parle aussi de ses compagnons d'armes et de son père, le comte de Loverdo, qui, quoique d'origine grecque, était officier d'artillerie ou de génie, servant dans les armées françaises. Il fut chargée par le gouvernement de la Restauration d'étudier les moyens de s'emparer d'Alger, lorsque la prise de cette ville fut décidée. A la suite de ces études, « Mon père, dit le
« général, remettait un mémoire dans lequel tou-
« tes les opérations, que le siége devait nécessiter,
« depuis le débarquement à Sidi-Feruch jusqu'à
« l'entrée de nos troupes dans la ville, étaient dé-
« crites. Tout se serait passé, ainsi qu'il indiquait,

« si un événement imprévu, l'explosion du fort
« l'Empereur, n'eût permis aux français d'entrer
« dans Alger vingt-quatre heures plus tôt qu'il ne le
« prévoyait. »

Mercredi 31 décembre. — Dès le matin, je vais
visiter la ville en détail ; je n'avais fait que la parcourir les jours précédents. Elle est ornée de jolies
places, rues régulières, larges boulevards ; tous les
environs sont remplis de campagnes aux riants aspects, et tout au bas de la ville se trouve un magnifique jardin d'essai que le gouvernement a fait
créer et qui constitue une belle et agréable promenade.

Tout autour de Médéah se sont élevés de nombreux et populeux villages européens, où se cultivent avec succès des céréales et où sont établis de
fort beaux vignobles, aujourd'hui en plein rapport
et produisant des vins de très-bonne qualité.

Les colons qui viennent chaque jour en ville pour
vendre leurs denrées ou pour faire leurs provisions;
les nombreux indigènes des environs qui apportent, les uns des légumes et du blé, les autres des
laines et des dattes, les Kabyles de l'huile, des figues et divers produits de leur industrie, tels que
couteaux, bracelets de corne, grands vases et grands
plateaux en bois d'olivier ; les Juifs qui circulent,
brocantant à droite et à gauche ; tout ce monde
forme une foule bigarrée qui donne à Médéah une
animation et une vie peu commune. Mais ce qui
contribue surtout à donner à cette ville la gracieuse
physionomie qui la caractérise, ce sont ses grands

arbres et ses nombreuses fontaines aux eaux jaillissantes.

Médéah est une cité agricole : les transactions nombreuses qui se font sur son marché ont toutes pour objet les produits de la terre. Le peu d'industrie qu'il y a est entre les mains des indigènes ; ils fabriquent des burnous et autres tissus de laines, et divers objets à l'usage des cavaliers sahariens tels que *temak* (bottes molles de maroquin), *dgebira* (sabretache) en maroquin, ornées de découpures en velours ou en drap de diverses couleurs et de riches broderies, des housses de selles également en maroquin, brodées et enjolivées de diverses façons, mais toujours avec goût.

Le soir, je prends congé du général ; il me remet une lettre pour ses subordonnés, il me recommande la prudence et m'engage à ne pas dépasser le Mzab.

Jeudi 1er janvier 1874. — A quatre heures du matin, je grimpe sur le haut de la voiture faisant le service de Médéah à Boghari, ; tout le long de la route se trouvent des bois, l'on y rencontre aussi de nombreux villages, des fermes et des auberges isolées. En voyant, sur cette route nationale, rouler notre voiture, en considérant le conducteur qui, à chaque village, chaque ferme, chaque auberge, descend pour prendre une commission ou remettre un paquet et qui partout échange des poignées de mains et des souhaits de nouvel an, et absorbe pas mal de petits verres (ainsi le veut la profession), je pense aux premières années de mon enfance, époque, où habitant Dôle (Jura), je passais de longues journées le visage collé derrière une vitre à regarder le mouvement de la grande route qui traverse la ville ; j'y voyais comme ici les lourdes charrettes des rouliers. J'entendais le claquement de leur fouet ; ensuite c'était des diligences, pareilles à celles où je suis, qui passaient et dont les conducteurs sonnaient de gaies fanfares dans leur petit cornet.

Tous ces souvenirs du jeune âge, qui se pressent en foule dans ma tête, en ce jour de l'an où personne ne m'a rien souhaité et où je n'ai rien eu à souhaiter à personne, me rendent triste et mélancolique ; ce n'est point aussi avec la joie accoutumée que je revois le désert, lorsque descendant le dernier contrefort de l'Atlas, j'aperçois enfin Boghari et le Sahara.

BOGHARI

Boghari, où je viens d'arriver, est situé à 150 kilomètres au sud d'Alger dans le Sahara et placé sur la lisière du Tell; cette localité se compose d'un queçar saharien et d'un village français.

Les Beni-Mzab, qui pour les besoins de leur commerce passent constamment du Sahara dans le Tell et du Tell dans le Sahara, créèrent, un peu avant la conquête française, une sorte de forteresse, sur une roche du désert, au point où viennent aboutir la plus grande quantité des routes qui, du Sahara central, se rendent à la mer, et qui de la mer se dirigent vers le Sahara central. C'est le queçar de Boghari : il forme le noyau d'une sorte d'étoile dont les rayons seraient les routes qui mènent à Boussada, à Laghouat, à Geryville, à Tiaret, à Mascara, à Oran, à Alger, à Bougie, etc. La forteresse créée par ces Beni-Mzab était composée d'une muraille continue ayant une seule porte placée dans une tour. On n'accédait au sommet du rocher, où s'étaient juchés les Mzabites, qu'au moyen d'un sentier raide et peu praticable, même pour les bêtes de somme ; aujourd'hui il est remplacé par une route carrossable. Derrière leur muraille, ils se construisirent des boutiques dans lesquelles ils débitaient toutes sortes de marchandises.

De tout temps un grand marché arabe hebdomadaire s'était tenu dans la plaine qui est au pied du queçar. En fondant leur village les Beni-Mzab avaient songé aussi aux bénéfices qu'ils en retireraient ; ce marché, comme tous les marchés du désert, attirait auprès de lui d'autres personnages. Ce sont les filles des Oulad-Naïd qui vont partout où il y a une agglomération dans le Sahara faire métier de leurs charmes ; elles y avaient, avant la création du queçar, leurs tentes, qui se reconnaissaient de loin à leur porte tournée du côté opposé à la route, dressées dans les environs du marché. Ces filles de joie furent demander l'hospitalité aux Beni-Mzab et se construisirent des maisons à côté des boutiques déjà bâties de ces marchands. La loi du Mzab, on le sait, qui interdit formellement à tout Mzabite d'avoir aucun rapport avec une femme de race étrangère, interdit également aux femmes et aux filles du Mzab de quitter, sous quelque prétexte que ce soit, leur pays, et le queçar de Boghari se trouva alors peuplé, d'une part, de célibataires et de l'autre, de femmes qui le sont si peu.

Après la prise et l'occupation de Laghouat, il fallut bien songer de relier cette oasis à la mer par une route ; on fit le tracé de cette voie et elle passa forcément à Boghari, où l'État fit construire, auprès du marché arabe un caravansérail pour les besoins de ses services ; car une colonne et des Français étaient établis à Laghouat ; ils avaient des besoins divers que le commerce d'Alger seul pouvait satisfaire.

Ce jour-là, il se passa une grande petite chose : un roulier attela ses chevaux et ses mules, il partit d'Alger en chantant ses joyeux refrains et se dirigeant vers le désert. Arrivé à Boghari, il était déjà depuis longtemps en voyage, il avait devant lui une longue course à faire avant de retrouver des Français. Il s'arrête au caravansérail, visite les harnais de son équipage, regarde les fers de ses mulets et les jantes de ses charrettes : le tout a besoin de réparations ; il a besoin lui-même de mille provisions. Il s'adresse à celui qui tient le caravansérail, on ne satisfait qu'en partie et avec peine à ses demandes ; ce charretier qui est passé une première fois seul est suivi bientôt de camarades qui ont les mêmes besoins. Un industriel, qui apprend le tout vient s'installer à côté du caravansérail, et une première auberge fut ouverte ; un concurrent s'établit bientôt à côté de ce nouvel arrivant ; ensuite le forgeron vint et alluma sa forge pour ferrer les mulets des voituriers ; à côté de l'enclume retentissante le charron ouvrit son atelier ; le bourrelier s'installa avec ses alènes. Ces trois compagnons se mirent à travailler pour le passant ; l'un ferre ses bêtes, l'autre répare ses voitures et le troisième recoud ses harnais. Mais notre roulier avait aussi des besoins pour lui ; c'est un sarrau déchiré qu'il faut remplacer, un chapeau enlevé par le vent, des bottes qui prennent l'eau ; des marchands s'installent pour subvenir à tous ces besoins, et tout ce monde d'ouvriers et de boutiquiers qui est arrivé là, conséquence forcée du passage d'une charrette et de la création d'une route, forme une petite colonie dans le sein de laquelle viendront se fixer d'autres ouvriers avec leurs métiers, non plus pour les besoins des passagers, cause première de l'installation de cette population, mais bien pour satisfaire à ceux de cette population elle-même. Alors s'ouvrent les boutiques du boulanger, du boucher, de l'épicier, du mercier, du tailleur, du cordonnier, etc. Tous ont dû être logés : pour leur construire des habitations, des maçons, des charpentiers, des menuisiers, des serruriers sont arrivés ; il y a parmi tous ces gens d'anciens cultivateurs ou des fils de cultivateurs ; ils se sont mis à fouiller cette terre du Sahara, elle s'est trouvée fertile, et ils se sont pris pour elle de cette passion que l'on ne peut posséder que pour le sol qui nous a donné des fruits arrosés de nos sueurs.

Un centre de population a ici surgi de lui-même. Ils seraient nombreux les centres qui se développeraient ainsi en Algérie, si l'on y avait mieux compris **que c'est la route et la route seule qui enfante le hameau, qui devient le village qui forme le bourg et d'où naît souvent une grande cité.**

Nous devons nous arrêter à Boghari, non-seulement parce que nous trouvons dans le village et dans le queçar une agglomération de population spontanément et librement formée, mais aussi parce que l'on y rencontre l'élément européen mêlé à l'élément indigène et vivant en bonne intelligence, les uns et les autres administrés par un fonctionnaire appartenant à l'autorité civile. Mais ce qui doit surtout faire porter toute notre attention sur ce fait d'une colonie européenne prospère à Boghari, c'est qu'ici l'on est dans le Sahara !

LE SAHARA

Je suis obligé, pour faire comprendre à mon lecteur la signification qu'a pour moi ce mot **Sahara**, que je viens d'écrire, de prendre la question d'un peu haut, au risque de passer pour pédant.

L'Afrique occidentale se partage, d'après sa constitution physique, en trois zones bien distinctes L'une, que j'appellerai la région méditerranéenne, est formée par le Tell du Maroc, de l'Algérie, de la Tunisie, de la Tripolitanie ; c'est ce que les géographes arabes appellent le *Mogreb* (couchant), l'Atlantide des anciens; cette région constitue une sorte d'île limitée au Nord par la mer et au Sud, par le Sahara qui confine les pentes méridionales de l'Atlas. Dans la région méditerranéenne se rencontrent tous les animaux et toutes les plantes de l'Europe méridionale; c'est aussi dans cette contrée que vivent les grands fauves, lions, panthères, etc.

Le Sahara, lui, commence nous, l'avons vu, à Boghari ; il s'étend au Sud jusqu'à la région des pluies tropicales ; il est limité à l'Est par la Méditerranée et les sables du désert Libyque, à l'Ouest par l'Océan. Après le Sahara et avec les pluies tropicales, commence la Nigritie proprement dite.

La Nigritie et le Mogreb sont ainsi séparés comme ils pourraient l'être, par une mer, et ils forment deux régions, j'allai dire deux continents parfaitement distincts, ayant chacun leur faune, leur flore et leur climat ; le Sahara qui les unit participe des deux.

Le Sahara, ainsi que son nom arabe l'indique (*sahel* plaine, *râa*, pâturer,), est un pays de facile pâturages ; il s'y trouve cependant de grands massifs montagneux tels que le Djebel-Hoggard, Djebel-Amour, etc., qui constituent pour la contrée de véritables Alpes. Le sol du Sahara est si fertile qu'il suffit qu'il y pleuve tous les deux ou trois ans pour l'entretien des pâturages.

Partout où son sol est habité et cultivé se trouvent de riches oasis qui produisent en abondance des céréales, des fruits, des légumes. Le Sahara nourrit aussi un grand nombre de troupeaux ; ils pourraient être innombrables.

Les sables mouvants ne sont dans le Sahara que l'exception, et, dans cette contrée, qui est grande comme la moitié de l'Europe, *les sables mouvants n'occupent peut-être pas le tiers de la surface qu'ils couvrent en Europe.*

Le Sahara n'est point comme le désert de Libye, une série de dunes de sables mouvants séparées entre elles par des mers de sables mouvants, on ne saurait trop le dire.

La végétation du Sahara est remarquable en ce que partout l'on trouve sur de grands espaces une plante annuelle de même espèce dominante qui ensuite est remplacée par une autre plante également annuelle ; c'est ainsi qu'à l'*alfa (stipa barbata tenacissima* **Desf**) succède le *Drin (Arthratherum pugens* **P B**), etc.

La faune du Sahara a cela de particulier qu'en dehors de certains scorpions et de la céraste (*lefaa* des arabes, vipère à cornes) elle ne possède aucun animal dangereux. Dans l'ordre des mammifères et des oiseaux le Sahara est caractérisé par la gazelle et l'autruche.

JOURNAL DE VOYAGE

(Suite).

Vendredi 2 janvier. — Je passe la matinée à me promener dans les environs ; j'admire cette nature étrange, ces roches terreuses curieusement colorées par le soleil et fantastiquement sculptées par les vents et les pluies ; j'erre longtemps sur les bords du Chéliff, je me procure le plaisir de regarder tour à tour, les paysages sahariens au Sud, qui ont fait dire à Eugène Fromentin : *Ou je me trompe fort, ou j'ai sous les yeux l'Afrique africaine comme on la rêve*, et les vertes pentes de l'Atlas, au Nord, ou je revois l'Europe et ses sites.

Je me mets à gravir la montagne, sur laquelle est bâtie Boghard ; laissant la route sur ma gauche, j'escalade des roches presque à pic, et je me trouve bientôt devant les premiers jardins qui entourent la ville. Je prends alors la route, bordée à gauche et à droite par des vergers et des campagnes; je trouve ensuite les maisons qui forment la ville, et j'entre dans l'enceinte fortifiée de Boghard, qui est une citadelle française, où l'on a réuni dans de solides constructions en pierre de taille, un hôpital, des casernes, une chapelle catholique, des magasins, des arsenaux, des logements pour les officiers et les fonctionnaires civils et militaires. En dehors de la ville et au milieu d'un bois de pins toujours verts, qui couronne la montagne, se trouve un camp, où sont cantonnées des troupes. Elles ont dans ce bois, tracé des allées, dessiné des labyrinthes, et utilisant ainsi les arbres de la forêt, elles ont créé une pittoresque promenade.

Le coup d'œil que l'on a de la porte Sud de Boghard est splendide, et la vue que l'on y a du désert a fait donner à la ville le nom gracieux et mérité de Balcon du Sud.

Je redescends de Boghard en suivant la route qui serpente, à travers la montagne et j'arrive au bord du Chéliff; je le traverse sur une passerelle en bois; les voitures sont obligées de le passer à gué.

Il fait froid; et la pluie se met à tomber; je suis obligé à borner là pour aujourd'hui mes courses.

Samedi 3 janvier. — Le mauvais temps me fait rester dans le village français; je cause avec les colons. L'un d'eux surtout m'intéresse, c'est M. Romanet; depuis longtemps il demeure ici, et il a su par l'élève du bétail qu'il fait en s'associant avec les indigènes et par le commerce des laines acquérir une belle fortune; il a montré par son exemple combien les relations entre Français et Arabes sont sûres et faciles lorsqu'elles ont pour base des intérêts commerciaux. M. Romanet, ainsi qu'il me le disait, a pu en tout temps voyager et commercer librement au milieu des indigènes, même insurgés.

Je recueille aussi ce jour-là des détails curieux sur le transit de Boghari : on peut l'estimer à cent charrettes par mois en moyenne; cinquante environ sont chargées de marchandises appartenant aux Beni-Mzab du queçar ou aux négociants français du village. Le poids moyen transporté par une charrette est de quarante cinq quintaux ; elles sont généralement attelées de six ou huit mulets

L'on me dit que c'est sur le marché de Boghari que s'apportent les laines les plus franchement blanches, et qui servent principalement en France à fabriquer des couvertures ; il s'y vend aussi des quantités considérables de blé dur et d'orge ; exportées en Europe ; l'un sert à la fabrication des pâtes alimentaires, l'autre est employé par les brasseurs.

Dimanche 4 janvier. — Après déjeûner je monte au queçar de Boghari. Une grande rue droite le traverse; elle est, ainsi que les rues latérales, remplie par des boutiques. Je rencontre des Châamba, des Lâarba, des Laghoutia et autres sahariens que je connais ; je passe ma journée à causer avec eux et je vais voir, avant de redescendre au village, le vieil amîn du queçar, l'Hadj-Daould, frère de mon bon ami l'Hadj-Youssef.

Lundi 5 janvier. — J'ai eu occasion, en parlant de Laghouat, de nommer un chériff, Molay-Ali. Je m'étais lié avec lui dans le désert, et l'ayant retrouvé plus tard à Alger, où il subissait une sorte d'exil, j'acceptai la proposition qu'il me fit de venir avec moi jusqu'à Metlili ; j'obtins pour Molay-Ali l'autorisation verbale de m'accompagner. Il voulait un écrit ; j'eus beau le solliciter, il me fut refusé. Molay-Ali, qui est resté à Alger, arrive aujourd'hui par la diligence. C'est avec plaisir que je revois sa grosse face, et je suis heureux de lui serrer la main.

Mais je suis étrangement surpris, quand Molay-Ali me présente, avec le timbre du gouvernement colonial, une lettre en arabe et en français, par laquelle on lui donne plein pouvoir de traiter avec les oulad Sidi-Cheikh, et que je me trouve avoir ainsi, *sans que l'on m'en ait prévenu*, un agent politique pour compagnon de route.

J'écris immédiatement à Alger, pour protester énergiquement contre la situation qui m'est faite, et je fais remarquer qu'au lieu d'un aide que j'aurais eu dans le Chériff, l'on me crée un embarras et un danger dans le plénipotentiaire.

Mardi 6 janvier. — Le matin à neuf heures, arrive la prolonge qui porte mes bagages ; je constate que tout est en ordre.

Dans l'après-midi, je monte au queçar, je vais voir Molay Ali, qui est logé chez l'amin. La maison de l'hadj Daoud est vaste et bien distribuée, je le trouve avec Molay Aly dans une pièce au premier, accroupis l'un et l'autre sur un matelas placé sur un tapis et près d'une cheminée où flambe un feu de bois. En me voyant entrer, ils viennent tous deux au-devant de moi, et nous nous demandons de nos nouvelles; gracieusement l'hadj Daoud me fait apporter un fauteuil, et je m'assieds à côté de la cheminée, faisant face à mes interlocuteurs.

Pendant que l'on prépare le café et le thé, je me mets à considérer l'amin. Il est déjà âgé ; sa figure, sans être belle, est sympathique, a une grande expression de bonté et de douceur; elle est encadrée par une barbe blanche de moyenne longueur; ses burnous et ses haïks sont fins et d'une blancheur immaculée, il a, à côté de lui, un chat rouge qui darde sur moi ses jaunes paupières.

L'Hadj Daoud est chevalier de la Légion d'Honneur, c'est le seul Beni-Mzab qui ait obtenu jusqu'à présent (janvier 1874) cette distinction dont on s'est montré du reste plus que prodigue pour les autres indigènes de l'Algérie. Le fait pour lequel l'hadj Daoud a été décoré est trop honorable pour ne pas en parler ici. Pendant la dernière famine, il fit constamment distribuer du pain à tous les malheureux qui se présentaient à sa porte ; il a nourri ainsi pendant plusieurs mois, des centaines de pauvres ; une grande fortune loyalement acquise dans le commerce, a permis à l'amin de dépenser dans cette circonstance des sommes très-considérables.

Je reste quelque temps à causer avec l'amin et le chériff, j'admire ensuite la belle collection d'armes anciennes turques et arabes que possède l'Hadj Daoud, et je redescends à la nuit au village.

Mercredi 7 janvier. — Journée consacrée à ma correspondance et à préparer mon départ pour Djelfa.

8

Jeudi 8 janvier. — Je ne connais rien de plus ennuyeux, et qui porte plus sur les nerfs que d'être éveillé au milieu de la nuit, de s'habiller à la hâte et de monter sans y voir, tout en bâillant, dans une mauvaise voiture. Il faut bien le faire à deux heures du matin. Au jour on arrive au caravansérail de Bougsoul, on fait souffler les chevaux, et on repart. A partir de Bougsoul, on a devant soi une immense plaine couverte d'alfa; la route n'y est indiquée que par les poteaux de la ligne télégraphique de Laghouat et les ornières formées par les roues des nombreuses voitures qui y passent.

L'alfa (*stipa barbata tenacissima*, DESF.), forme de vastes champs qui couvrent la majeure partie de la surface du sol non cultivé entre Boghari au Nord, et Ras-Chaab au Sud, sur une largeur de trois cents kilomètres environ, et sur une longueur de l'Ouest à l'Est de plusieurs milliers de kilomètres, puisqu'ils vont du Maroc à la Tripolitanie. De tout temps, cette plante sous le nom de *spar* a servi en Espagne à faire des cordages et divers ouvrages, qui reçurent de là le nom de sparterie; mais elle n'a été réellement une richesse que du jour où l'on a trouvé le moyen de faire avec elle de la pâte à papier.

Les papiers obtenus avec la fibre de ce textile, sont d'excellente qualité; ils servent à l'impression du **Times** et de plusieurs grands journaux de l'Europe et de l'Amérique. L'alfa ne servirait-il qu'à cette fabrication toujours croissante du papier, il serait pour le Sahara une source inépuisable de prospérité; mais l'industrie a su aussi l'utiliser pour d'autres usages; on en a obtenu un fil très-résistant qui a servi à tisser des sacs et autres étoffes demandant une grande solidité. Ce fil est également employé pour former la chaîne de diverses moquettes et autres tissus. Dernièrement un américain, prenait un brevet pour un carton fait avec de l'alfa et qui peut se travailler et se débiter comme le bois. Avec ce carton il a confectionné des boîtes, des caisses et même des tonneaux qui tout en étant très-légers, offrent la plus grande solidité.

L'alfa, cette plante précieuse, pour le transport de laquelle s'arment aujourd'hui des navires en Europe et en Amérique ; qui fait dans les deux mondes, marcher de nombreuses usines, aux préparations de laquelle des milliers d'ouvriers sont employés ; qui fait construire des chemins de fer dans le Sahara et des ports dans la méditerranée, n'était, il ne faut point l'oublier, qu'une mauvaise herbe, il y a peine vingt ans.

Au milieu d'une plaine et tout auprès d'un puits nommé Bou-Sedraïa, là où je n'avais encore vu à mon précédent passage (avril 1873), que de mauvais gourbis, abritant, tant bien que mal, quelques arracheurs d'alfa, je trouve une exploitation parfaitement organisée ; elle appartient à M. Romunet de Boghari, dont j'ai déjà parlé. Il s'y trouve des logements pour les ouvriers, et des ateliers contenant une grande machine destinée à presser l'alfa en meules ; elles sont ensuite liées avec des cercles de fer.

Nous voyageons encore pendant longtemps dans les terrains à alfa, et ce n'est qu'à quelque kilomètres de Djelfa, que le sol devient montueux. Il faut signaler aussi avant Djelfa, un curieux gisement de sel gemme ; il forme toute une montagne, et il est d'un aspect féérique lorsque ses cristaux de toutes couleurs sont éclairés par le soleil Une source qui prend naissance au sommet du *rocher de sel*, c'est ainsi qu'on l'appelle, serpente à travers les crevasses de la montagne, et forme un petit ruisseau d'eau salée, qui va se jeter dans l'oued voisin, tout auprès, et arrose de forts beaux jardins.

Vendredi 9 janvier. — Je ne veux pas repartir le jour de mon arrivée, et je suis obligé de rester à Djelfa quatre jours, à y attendre la voiture de Laghouat, qui ne passe que deux fois par semaine ; j'emploie mon temps à étudier le pays et les habitants. Je vais, quittant pour un moment la forme du journal de route, résumer ce que j'ai observé à Djelfa.

DJELFA ET LES OULAD-NAID

Comme une ville qui est des plus chères à mon cœur, Avignon, Djelfa serait un séjour agréable, si ce n'était le vent ; il y règne, je crois, dix mois au moins de l'année, soulevant des flots de poussière et de gravier, qu'il vous jette au visage.

La ville est située dans un site pittoresque, entourée de bois et de prairies ; il y a surtout un moulin, placé sur les bords d'un oued, qui est au milieu d'un paysage des plus gracieux.

Djelfa est traversé du Nord au Sud, par une grande rue plantée d'arbres, et bordée de constructions coquettes. Il s'y trouve, au milieu d'une place, un grand marché couvert, occupé par des boutiques de Beni-Mzab ; ils ont aussi de nombreux magasins dans les autres rues de la ville.

Une des curiosités de Djelfa sont ces cafés chantants, où tous les soirs des danseuses et des chanteuses récréent les oisifs du pays, et les bédouins des environs ; ces ballérines et ces cantatrices appartiennent toutes à la tribu des Oulad-Naïd.

Les Oulad-Naïd forment une grande tribu, qui occupe une portion du Sud des provinces d'Alger et de Constantine. Elle est renommée dans tout le désert pour la beauté de ses femmes, de ses chevaux, et de ses chiens ; cette réputation, il faut le reconnaître, est justement méritée.

Les filles des Oulad-Naïd ont le triste privilége d'être presque toutes sacrifiées, dès leur jeune âge à la Vénus banale. J'ai rencontré au Djebel-Amour, chez des Berbères, la prostitution regardée comme une chose indifférente. Chez les Oulad-Naïd, c'est une institution : chaque fille avant de se marier, ira en compagnie de sa mère ou d'une sœur aînée, se livrer aux caresses publiques, soit dans les tentes qu'elles dressent aux abords des marchés, soit dans des maisons au milieu des queçour, et quand elles ont pendant un certain temps ainsi vécu et plus ou moins couru, elles rentrent dans leur tribu, y achètent un troupeau, et sont d'autant plus recherchées en mariage que la fortune qu'elles auront acquise sera plus ou moins ronde. Les hommes de cette tribu sont aussi fort beaux, mais très-efféminés, et de mœurs dissolues ; ils excellent à jouer de la flûte.

Il se fabrique chez les Oulad-Naïd, des *fliss* (longue pièce d'étoffe de laine qui servent à confectionner des *tellis* (sacs) des tentes) fort estimées ; ceux des tentes sont rayées en noir et orange, c'est à cette disposition de couleurs particulières que se distinguent au loin les campements de cette tribu.

Elle est administrée par deux Bach-Agha ; l'un réside à Biskra, l'autre à Djelfa. Sidi Bel Gassem, celui de Djelfa, appartient à une ancienne famille ; c'est le frère de Sidi Chériff, qui fut l'un des premiers chefs du Sahara à se soumettre à la France.

L'agha Sidi Bel Gassem, est un homme charmant, il est universellement aimé ; l'autorité militaire, ses administrés, les colons, en un mot tous ceux qui se trouvent avec lui se plaisent à faire son éloge.

Il possède aux portes de la ville une vaste maison de commandement, c'est la première construction de Djelfa ; elle est établie auprès d'un marché arabe qui de tout temps s'est tenu là.

Molay-Ali demeure chez l'Agha. Je vais les voir, je vois aussi une petite fille de Sidi Bel Gassem ; il l'a fait habiller à la française, et l'envoie à un pensionnat tenu par les Sœurs. Ses fils et ses neveux, portent le costume arabe et vivent en véritables sahariens. Doué d'un grand bon sens, l'Agha a compris qu'un Arabe en toute circonstance peut avoir la même valeur qu'un Français et que dans beaucoup d'autres il lui est supérieur, et qu'en tout cas, leur vie vaut bien la nôtre, mais qu'il n'en est pas de même pour les femmes ; que notre civilisation européenne les rend plus heureuses et plus aptes à accomplir dignement leurs devoirs de filles, d'épouses, de mères ; peut-être aussi en faisant ainsi élever sa fille, s'est-il rappelé la femme chrétienne qu'avait son frère, et que toute sa famille, aima et estima d'une façon si particulière.

CÉRÉMONIE RELIGIEUSE

DES

NOIRS A DJELFA

Au mois de septembre 1872, je fus témoin, à Djelfa, d'une fête religieuse, célébrée par des nègres, avec des rites tellement curieux que je ne puis la passer sous silence.

En descendant de la voiture qui s'arrête quelques heures à Djelfa, mon oreille est frappée par le bruit des castagnettes de fer (*krakeuf*) et des gros tambours qui forment la musique des noirs. Je vois bientôt arriver une cinquantaine de ceux-ci, hommes et femmes, jouant de leurs barbares instruments et chantant des refrains dans une langue inconnue ; ils avaient au milieu d'eux, un jeune bouc noir, que deux femmes, l'une vieille et l'autre jeune, menaient en le tirant par les cornes, qui, ainsi que les sabots, étaient grossièrement dorés. Comprenant qu'il allait se passer quelque chose d'insolite, je me joins à la foule d'enfants, de femmes et d'hommes, qui formaient cortège aux musiciens ; mon grand chapeau de feutre (*colon sérieux*) émerge au dessus des burnous crasseux et des haiks sales qui m'entourent et me rend le point de mire naturel de tous ces gens peu habitués à voir un Européen se mêler à eux.

Un vieux nègre à la barbe blanche et au placide regard vient se placer à côté de moi et tout en marchant il m'explique que l'on va sacrifier le bouc, c'est avec peine, me dit-il, qu'on a pu se le procurer, car il faut qu'il soit noir, sans tache et vierge, et il on ajoute que tous ceux qui assisteront à la cérémonie auront de grands bonheurs, que ce que l'on va faire est une prière de son pays, du pays des noirs *bled el soudan*.

Nous marchons pressés comme un troupeau de moutons, et nous parcourons ainsi toute la grande rue de Djelfa; arrivés à son extrémité Sud nous tournons à gauche et nous nous installons au milieu d'un terrain vague. Là il y a un grand espace sans arbre, sans maison, tout ensoleillé et rempli de poussière et de mouches. Les musiciens se groupent en masse; un ou deux nègres font former le rond aux spectateurs. Je joue des coudes et je me mets au premier rang; la jeune négresse qui tient le bouc et qui est vêtue de draperies blanches et rouges s'accroupit au milieu, maintenant la victime par les cornes.

La bestiole est fort jolie, elle a de longs poils noirs, fins et brillants comme de la soie; elle bêle tristement en nous regardant, de son bel œil noir, l'un après l'autre; on dirait qu'elle comprend le sort qui lui est réservé et qu'elle cherche à implorer notre secours. A côté de la jeune négresse vient se placer la vieille femme qui l'aidait à conduire la victime; elle est toute décrépite et toute déguenillée, une vraie sorcière noire; elle tient dans la main un réchaud dans lequel brûle de l'encens, auquel l'on mélange du chanvre. Un grand nègre tout jeune et qui n'a pour vêtement qu'une *foutha* (serviette), jaune et bleue, autour des reins, entre aussi dans le rond.

A ce moment, la musique et les chanteurs recommment leur tapage ; le bouc, mené par les deux femmes précédées du noir au foutha, fait une dizaine de fois le tour du rond ; tous reviennent au centre et la vieille se met, avec sa cassolette, à parfumer le bouc en tout sens ; le nègre commence à chanter et à sauter, non sans venir de temps à autre respirer le mélange enivrant de *kif* (chanvre) et de *bekour* (encens), qui brûle dans le réchaud.

Voici maintenant que la jeune femme, qui est assise par terre tenant le bouc dans son giron se met à le baiser à l'anus ; son exemple est imité par la thuriféraire, le danseur, les musiciens, les chanteurs et un nombre assez considérable d'hommes et de femmes de couleur, répandus dans la foule ; le bouc, toujours tenu par la négresse aux draperies rouges et blanches, a le cou tranché par la vieille. Dès que la bête est ainsi frappée, le noir danseur vient sucer le sang chaud qui sort de la blessure béante, pendant que la victime est encore agitée des dernières convulsions de l'agonie ; les femmes arrachent le nègre de dessus le cou et lui mettent la tête sur le ventre ; il déchire à belle dents la peau, mange les entrailles, et sa tête tout entière disparaît dans le cadavre fumant.

La jeune négresse trempe sa main dans le sang du bouc et, suivie de la noire thuriféraire, elle se met à faire le tour de l'assemblée ; l'une vous touche de sa main ensanglantée au front ou à l'épaule, l'autre vous fait respirer les parfums de son fourneau.

De tous les points de l'horizon accoururent des malades de toutes espèces, des mères portant leurs enfants sur les bras et des vieillards péniblement appuyés sur leurs béquilles ; les uns viennent demander à ces étranges cérémonies une guérison ; les autres du bonheur pour leur progéniture ; les troisième, le prolongement d'une vie qui doit être bien misérable à en juger par leurs haillons, leurs faces décharnées et leurs membres ankylosés.

Lorsqu'elles ont fini de distribuer des bénédictions sous la forme de sang de chevreau et de vapeurs d'encens et de chanvre, et que le nègre a terminé son immonde festin, les deux négresses lui retirent la tête du ventre de l'animal et lui présentent le réchaud, dont ils aspire bruyamment les âcres senteurs ; la musique recommence son vacarne, et lui se met à danser une sarabande échevelée.

Je n'ai jamais rien vu qui eût un aspect plus démoniaque que ce grand nègre se trémoussant infernalement au milieu de cette lumière blanche et crue du Sahara : la laine de sa tête est remplie des débris rouges et fumants de la victime qu'il vient de dévorer ; le sang qui a ruisselé sur tout son corps y forme de larges raies pourpres qui tranchent sur sa peau luisante et noire. Il saute et se démène jusqu'au moment où, épuisé, il tombe comme une masse inerte sur le sol.

Ceci n'est point une scène d'*Assaouia* ; les noirs que je viens de voir sont des gens du Soudan, qui après s'être échappés de l'esclavage sont venus se réfugier à Djelfa, où ils forment une petite colonie, ayant conservé entre eux l'usage de leurs idiomes particuliers et les coutumes idolâtriques de leur patrie.

En revenant de ce sacrifice, qui m'avait si vivement intéressé, je réfléchissais en moi-même qu'il ne faut point s'étonner si les populations noires du Soudan, habituées à d'aussi sanglants spectacles, sont cruelles et même anthropophages, et je comparais dans mon esprit ce que je venais de voir avec ce que j'avais lu sur la démonolâtrie au moyen-âge; il y figure toujours l'adoration et l'encensement du démon représenté par un bouc noir, que l'on baise à l'anus.

JOURNAL DE VOYAGE

(Suite).

Mardi 13 janvier. — Après quatre jours passés à Djelfa, je quitte à trois heures du soir cette localité et je reprends la route de Laghouat. Ce trajet s'effectue toujours en voiture ; nous arrivons, sur les huit heures du soir, à un caravansérail où la diligence s'arrête et où l'on passe la nuit.

Mercredi 14 janvier. — L'on repart avant le jour, et jusqu'à Laghouat on est dans une plaine monotone, qui fait ressortir davantage les charmes du paysage lorsqu'on aperçois enfin l'oasis ; il est cinq heures du soir, nous arrivons.

Je l'ai déjà dit, j'avais trouvé Mulay-Ali à Alger, subissant une sorte d'exil ; aussi les amis, les parents, les serviteurs, les clients de ce chériff, (il es chef à Laghouat de qu'ils appellent le çof civil), étaient venus à sa rencontre pour fêter son arrivée et ils remplissaient la place, au nombre de trois à quatre cents, d'une foule compacte qui fait à mon compagnon une sorte d'ovation lorsqu'il descend de voiture.

Molay-Ali a fait annoncer bruyamment dans Laghouat qu'il est porteur d'une lettre du gouvernement lui donnant plein pouvoir de traiter avec les rebelles, et l'importance qu'il veut ainsi se donner est pour moi un premier et non le dernier ennui occasionné par cette malencontreuse lettre.

Je séjourne à Laghouat jusqu'au 25 janvier, et ce temps est employé à faire mes préparatifs de départ.

PRÉPARATIFS DE DÉPART

ÉQUIPEMENT. — CAMPEMENT. — PROVISIONS

Laghouat étant le dernier point occupé par les Français, l'on ne trouve plus rien qui rappelle l'Europe une fois que l'on a quitté cette oasis ; il est nécessaire avant de s'en éloigner de s'être assuré que l'on n'a oublié aucun des objets dont on ne peut se passer.

L'expérience que j'ai des choses du Sahara m'a fait reconnaître que sous un climat aussi exceptionnellement sain, s'embarrasser d'une tente lorsque l'on veut y voyager est une chose parfaitement inutile, aussi bien en été qu'en hiver, pourvu que l'on adopte le costume arabe également apte à vous préserver des chaleurs tropicales du jour et des fraîcheurs quelques fois glaciales des nuits. Ce costume, je l'ai toujours revêtu chaque fois que j'ai eu à faire une longue course au milieu du désert. Aussi, trois jours après mon arrivée à Laghouat, je me fait raser la tête, je me coiffe d'une chechia, je porte le haïk et la corde en poil de chameau, les guenadeurs, les burnous, etc.

Chaque fois que je me suis ainsi vêtu, j'ai fait, je le sais, sourire bien des gens, mais j'ai eu, moi, de mon côté, bien souvent l'occasion de rire de mes moqueurs en les sachant empêtrés, pour peu qu'ils aient à rester deux ou trois jours dehors, d'une multitude innombrable de boîtes de toutes formes, contenant des conserves et des drogues de toutes espèces, des fioles de toutes dimensions pleines de cordiaux, remèdes, etc.; ce qui ne les empêche pas de mal manger, car de bonnes douleurs gastriques sont généralement le résultat qu'ils retirent de tous les soins qu'ils veulent donner à leur estomac Ils dorment fort mal aussi, malgré les tentes et les matelas dont ils sont encombrés; la goutte ou les rhumatismes attaquant presque tous ceux qui affrontent le climat du Sahara avec l'habit européen. Pour moi, avec le vêtement arabe je m'astreins aussi à la diète des indigènes ; mes provisions de bouche consistent :

En couscous; le couscous est une sorte de semoule très-fine que l'on fait cuire à la vapeur et qui se mange avec de la volaille, de la viande ou des légumes ;

En farine, pour faire des galettes cuites sous la cendre ;

Et avec cela du **café**, du **thé** et du **sucre**.

Je me sers pour le transport de mon eau d'outres en peaux de bouc *(guerba)*, bien goudronnées à l'intérieur et revêtues à l'extérieur d'un poil long et abondant. Ainsi préparées, elles peuvent conserver pendant plus de quinze jours de l'eau fraîche; j'ai même observé, et je l'attribue aux vertus du goudron, que des eaux qui sont malsaines contenues dans tout autre vase deviennent inoffensives dans les guerba. Je choisis toujours mes outres de petites dimensions et je les disperse sur tous mes animaux de bât.

Je me munis aussi à Laghouat de savons et de bougies, et j'ai le soin d'avoir trois lanternes et pour chacune d'elles plusieurs verres de rechange. Je ferai observer que dans un voyage d'exploration, chaque fois que l'on prévoit ne pouvoir se passer d'un objet, il faut toujours en avoir au moins trois: qui n'a qu'une seule chose n'a rien en voyage.

J'achète une grande quantité de cordes et je les place dans un sac que je ferme moi-même ; je sais qu'en route à chaque instant on a besoin d'une corde pour rattacher un ballot, entraver un animal, etc.

Ma batterie de cuisine consiste : en trois bouilloires pour préparer le café, en un mortier et son pilon pour le réduire en poudre et une petite poêle pour le torrifier ; j'ai six tasses sans anses emballées avec de la laine dans une boîte en fer blanc ; j'ai aussi de boîtes du même métal pour mon sucre cassé, mon café pilé, mon thé, mon sel, mon poivre ; mon café en grain, mon sucre en pain, ma provision de thé, de sel, de poivre sont contenus dans de petits sacs de toile ; une grande marmite et son *kesker* (cône en vannerie où l'on place le couscous au-dessus de la marmite, dans laquelle se trouve l'eau ou le bouillon destiné à le faire cuire) ; un grand plat en bois d'olivier (*guesâa*) de fabrique kabyle : il sert d'assiette ; trois petits gamellons en fer-blanc pour mes ablutions ; et un couvert de campagne complet : gobelet, fourchette, cuillère, couteau, dans un étui ; je le porte avec moi dans ma djebira.

Trois habits arabes complets, un grand burnous de ceux nommé *kreidous* (formé d'un tissu de laine noire non teinte et qui est imperméable), voilà ma garde-robe ; j'emporte également, mais c'est du luxe, un tapis du Djebel-Amour (*freach*) et une grande couverture de Tunis de celles dites *battania*.

J'ai avec moi, dans une boîte de chêne doublée de fer-blanc, des médicaments ; M. Mutin, médecin militaire, avec qui je me suis lié ici, lorsqu'il y dirigeait l'hôpital, m'a fait une note très complète des principales maladies que j'avais à redouter et des divers remèdes que j'ai à emporter ; je prends aussi des médicaments pour les indigènes du Sahara.

J'ai déjà, chez les Bédouins, la réputation d'être un grand médecin ; il faut m'en montrer digne. Comme mon bagage médical repose spécialement sur une observation philosophique, je vais livrer ici mon secret, et, grâce à moi, qui voudra pourra devenir illustre docteur parmi les illustres, dans le Sahara bien entendu.

Quelle que soit la maladie, aiguë ou chronique, dont un homme souffre, ce qui le tourmente le plus c'est la privation du sommeil ; une bonne nuit est toujours le plus grand soulagement que l'on puisse donner à un malade.

Persuadé de cette vérité, j'ai basé sur elle toute ma thérapeutique, et quel que soit le mal dont se trouve atteint le patient qui vient me consulter, je lui donne invariablement des pilules d'opium.

J'ai cependant dans ma pharmacie d'autres agents médicaux tels que la quinine, le sulfate de zinc, le mercure, la teinture d'iode, l'alcali, le perchlorure de fer, etc., etc.

Pendant que je fais mes préparatifs de départ, de bien mauvaises nouvelles me sont données sur la situation politique du Sahara. Le 23 janvier, M. H. de Langle, alors commandant supérieur du cercle, aujourd'hui lieutenant-colonel au 19me chasseurs, qui n'a cessé, pendant tout mon séjour dans le Sahara, de me témoigner la plus grande sympathie et qui m'a souvent éclairé de ses conseils, me fait appeler dans son cabinet et me communique une lettre du caïd Sidi-Lakdar des Laarba, lui annonçant que Bou-Choucha, le même qui fit, il y a quelques années, massacrer la garnison de Touggarth, se dirige sur le Sahara algérien à la tête de bandes nombreuses et bien armées.

Bou-Choucha et les siens n'est pas le seul danger, du reste, que j'aie à redouter : dans l'Est les Touareg sont dans un état d'hostilité permanente, à la suite de la lutte qui a éclatée à la mort de Eg-Ech-Cheikh (1867), entre l'émir Ikenouken et El-Hadj-Djabbour ; dans l'Ouest, il y a des partis de Berbères révoltés, ainsi que cela arrive à la mort de chaque sultan du Maroc, et ces partis de Berbères viennent jusque dans les cités les plus populeuses du Touat, lever des contributions. Ils tiennent la campagne, rasent les caravanes et pillent les voyageurs : enfin partout se trouvent des Algériens insoumis ou autres bandits qui profitent de cette situation agitée pour courir le pays. C'est sous les coups de ces derniers que mon brave et vaillant ami Dourneaux-Duperré et ses compagnons sont tombés, lâchement assassinés le 17 avril 1874, au puits d'Aghahar-Mellen, entre Ghadamès et Ghat.

J'ai lu dans une vieille histoire que les Scythes avaient coutume, lorsqu'ils voulaient entreprendre une expédition, de se réunir en conseil, et avant de délibérer ils commençaient par de nombreuses libations d'une boisson très-capiteuse ; ils l'obtenaient en laissant du lait de jument s'aigrir et fermenter, et ils ne prenaient de résolution qu'après s'être tous enivrés. Ce qui faisait, disait mon vieil autour, que ce peuple n'accomplissait que de grandes choses, puisqu'il formait ses plans, la tête remplie des fumées de l'ivresse, plans qu'il exécutait ensuite avec force et courage étant à jeun.

Au rebours des anciens Scythes, un voyageur dans l'intérieur de l'Afrique doit former ses plans de sang-froid et avec la plus grande prudence, et une fois qu'ils sont conçus, qu'ils sont arrêtés dans tous leurs détails, si ce voyageur est un homme de cœur, il ne voudra rien voir, rien entendre et marchera droit à son but ; c'est aussi ce que je fis, et malgré tous les avis que l'on me donnait, tous les conseils qu'il me fallait recevoir et toutes les remontrances que des gens bien intentionnés avaient la bonté de me faire, j'étais prêt à partir le 25 janvier.

J'ai engagé, pour m'accompagner et me servir dans le voyage d'In-Çalah, outre Mohamed-ben-Laroui, qui est déjà venu avec moi l'année dernière au Djebel-Amour, à Aïn-Madhi et au Mzab, le fils d'un ancien chasseur d'autruche, grand chasseur

— 135 —

lui-même ; il s'appelle Djellali-ben-Bouffata et appartient à la tribu des Mekhalifs-Azoreag ; il est tout petit de taille, très-leste et très-agile, d'un caractère gai et très-bon enfant. J'ai un mulet pour monture.

Molay-Ali, qui doit venir avec moi jusqu'à Mettili, met à ma disposition quatre chameaux, un chamelier et un cheval ; je fais charger sur les chameaux mes bagages, les marchandises de la chambre de commerce, mes provisions de bouche et mon eau.

Je fais placer sur le mulet mon tapis, ma couverture et, dans ses *chouari* (paniers), des boîtes contenant du café, du sucre, du thé, ma boîte à médicaments, mes tasses, une bouilloire, une lanterne, de la bougie, des cordes et autres objets que je désire avoir constamment sous la main. Mais deux garçons, à tour de rôle et souvent tous les deux ensemble, monteront sur le mulet ; moi, je voyagerai sur le cheval fourni par Molay-Ali. J'ai, du reste, largement fait reconnaître les services que le chériff peut me rendre, par les cadeaux que je lui ai fait donner par la chambre d'Alger ; ils consistent en un magnifique revolver doré et une fort belle pendule en marbre blanc avec ornement or et bronze, posée sur un socle de velours rouge, entouré d'ornements dorés : le tout d'une valeur de sept cents francs.

JOURNAL DE VOYAGE

(Suite).

Dimanche 25 janvier. — A midi, les fils de Molay-Ali, accompagnés de plusieurs de leurs amis, viennent me chercher ; nous montons à cheval et nous nous rendons à la maison du chériff, située dans un faubourg de Laghouat appelé Chebteb. Arrivés à la demeure de mon compagnon de voyage, nous mettons pied à terre ; on apporte du café, l'on boit le coup de l'étrier, et nous faisons partir en avant le gros de notre convoi. Il se compose de douze chameaux, de trois chameliers, de la cuisinière de Molay-Ali et de l'un de ses domestiques, l'autre doit monter à cheval et voyager avec nous ; un homme des oulad Sidi-Cheikh, Bel-Aia, qui habite Metlili et qui est venu à Laghouat porter des lettres, fera aussi route avec nous.

A une heure et demie, l'on monte à cheval et nous partons accompagnés d'une cinquantaine de cavaliers de Laghouat, parmi lesquels se trouve un seul européen, M. Trappé, pharmacien militaire. Ils viennent avec nous jusqu'aux premières daya, à dix kilomètres environ de Laghouat ; là nous prenons congé les uns des autres.

La route que nous suivons est un sentier frayé par les caravanes au milieu de l'alfa. Une première journée de marche n'est jamais longue et nous nous arrêtons à Ras-Chaab (ce qui veut dire, *ras*, tête, sous entendu *oued* rivière, *chaab*, des cheveux). Ce lieu est remarquable parce que c'est le point extrême sur lequel se rencontre dans le Sud de la province d'Alger, l'alfa, qui depuis Boghari est la plante dominante; elle va être remplacée par le drin (*arthrotherum pugens* **Ba**). Ras-Chaab est aussi une ligne faîte pour les eaux.

Molay-Ali a emporté une grande tente arabe séparée en deux par un rideau Dans un compartiment se trouve la cuisine, les provisions, etc.; l'autre sert de logement à Molay-Ali; c'est aussi notre salle à manger; le chériff a fait obligeamment dresser une petite tente marquise pour moi.

A sept heures, nous soupons ; le couscous est succulent; la cuisinière est un cordon-bleu dans son genre ; nous prenons ensuite le café et après avoir causé un moment, je me retire dans ma tente.

Lundi 26 janvier. A sept heures du matin, départ ; je suis loin d'avoir le temps que mes amis d'Europe redoutent pour moi ; ce n'est point le soleil qui m'incommode, mais bien le froid: le thermomètre marque à peine trois degrés au-dessus de zéro, et un épais brouillard obscurcit l'atmosphère.

Je suis actuellement sur un vaste plateau nommé Nili, aussi étendu que l'horizon ; il est couvert de *chihh* armoise (*artemisia alba*). Le chihh est d'un grand usage dans le Sahara ; on mêle sa fleur au café et au thé, et elle donne à ces boissons un arôme assez agréable ; on est aussi dans l'habitude de mâcher du chihh le matin à jeun ; on en met dans le tabac à fumer et à priser. Les Bédouins prétendent que cette plante est très-hygiénique, qu'elle a une action bienfaisante dans toutes les maladies gastriques, et c'est le remède dont usent les femmes dans certaines affections propres à leur sexe ; il serait surtout souverain pour les jeunes filles.

Sur ce plateau, de nombreux moutons paissent sous la garde de leurs bergers, ainsi qu'une cinquantaine de chameaux, quelques ânes et quatre magnifiques juments ; nous passons au milieu de ces troupeaux, et bientôt j'aperçois un douar formé d'une douzaine de tentes complétement noires ; c'est donc un campement de Laârba. Le chef de ce douar, grand vieillard à barbe grise, debout devant sa tente et appuyé sur un long bâton, surveille son douar, ses troupeaux et ses bergers ; il nous reconnaît, s'empresse courtoisement de venir nous inviter à nous arrêter un moment chez lui.

Il fait froid, une petite pluie fine a remplacé le brouillard, le temps est de ceux où l'on préfère être à l'abri qu'en plein air : aussi la proposition de faire halte est accueillie avec joie, chacun est vite à terre ; nous sommes installés, Molay-Ali et moi, sur un moelleux tapis, placé au fond d'une large et chaude tente, et j'écoute avec satisfaction le bruit que font, à côté de nous, les femmes qui apprêtent un festin à notre intention, car l'on va nous *differ*.

Nous sommes les hôtes de El-Hadj-*Taieb* (bon) qui

est, comme la plupart des Laârba, excessivement riche. Cette tribu des Laârba a les parcours les plus étendus de tous les nomades de l'Algérie, car ils vont du Sud-d'Ouargla jusqu'à Djelfa ; depuis 1844, époque où ils firent leur soumission au général Marey-Monge, les Laarba ne se sont jamais révoltés contre l'autorité française ; ils n'ont jamais eu à payer d'amende ou à subir des razia, ils ont au contraire profité de toutes celles qui ont été faites sur les autres nomades ; leur fortune n'a donc rien d'étonnant.

El-Hadj-Taieb arrive, tenant à la main une aiguière (*brik*) en cuivre doré, remplie d'eau tiède ; un nègre le suit, porteur d'une cuvette du même métal ; au milieu de la cuvette se trouve un morceau de savon parfumé. L'hospitalité s'exerce ici comme du temps d'Abraham, et tout en me savonnant les mains je m'amuse à considérer nos têtes et je trouve qu'avec nos grandes draperies blanches et nos longues barbes nous avons un air des plus bibliques.

Notre hôte, qui est sorti, revient portant une cafetière pleine, toujours suivi de son noir, qui a dans les mains un plateau avec des tasses à café, de forme française, et de très-jolies porcelaines ; il en remplit une, y trempe ses lèvres et me l'offre : ainsi le veut le cérémonial. Le poison a joué et joue encore un rôle important dans la société arabe, et l'habitude de goûter la boisson que l'on offre n'a pas d'autre origine, c'est une façon de dire ce breuvage n'est pas empoisonné. Après le café, l'on place devant nous une longue *fouta* (serviette) de laine rouge, terminée par des franges et sur laquelle est déposé un plateau d'alfa tressé où s'étalent deux énormes régimes de dattes gnor de Bériane ; nous en mangeons quelques-unes et nous buvons de l'excellent lait de chamelle.

Le lait des Chamelles du Sahara est d'une qualité très-supérieure ; il est très-beurré et très-parfumé ; on ne le boit qu'en petite quantité ; il passe pour se digérer difficilement.

A peine le plateau de dattes est-il enlevé, que du café est de nouveau offert, et au café succède un plat sur lequel se prélassent des brochettes de rognons ; après ces brochettes encore du café. Deux hommes viennent ensuite, portant sur une planche recouverte de laine rouge un mouton tout entier rôti ; il est déposé devant nous deux ; nous disons *au nom de Dieu*, et nous saisissons adroitement, entre le pouce et l'index, un morceau de peau dorée, nous tirons, et il nous reste à la main une petite lanière, moitié peau, moitié viande grillée ; nous en absorbons ainsi une quantité considérable, semblables aux héros d'Homère qui dévoraient les dos des porcs succulents.

Ce mouton rôti qui est le met national des nomades du Sahara est réellement un très-bon plat. Pour le préparer les Bédouins écorchent et vident soigneusement un mouton ; ils lui remplissent le ventre de chihh et autres plantes aromatiques auxquelles ils mêlent en abondance du sel et des épices ; ils ont une grande broche en bois dur, et, après avoir embroché l'animal comme un lièvre, deux hommes prennent la broche, chacun par un bout, et se mettent à la tourner au-dessus d'un feu flambant qu'entretient un troisième.

Le mouton est remplacé par du couscous ; vient ensuite le *hamis* (viande hachée), servie dans une sauce au piment et avec des galettes cuites sous la cendre ; la boisson est à volonté ou du l'*halib* (lait doux) ou du *leben* (lait aigre) ; avant et après chaque plat une tasse de café est offerte.

El-Hadj-Taieb qui nous a, suivant la coutume arabe constamment servi, vient à la fin du repas avec son aiguière ; nous en avons besoin, n'ayant eu que nos doigts pour couteaux, fourchettes et et cuillières.

Il n'est si bonnes choses qui ne doivent finir, et à trois heures, après avoir remercié notre hôte, nous remontons à cheval. Que l'on n'aille pas croire qu'un repas comme celui de l'Hadj-Taieb est notre ordinaire, il est beaucoup plus modeste ; d'habitude nous déjeunons avec des dattes et de l'eau, et nous soupons avec du couscous.

La route continue à traverser le plateau de Nili, et à sept heures du soir nous arrivons à la dayé du même nom où nous trouvons notre camp établi et nos tentes dressées sous les beaux arbres qui l'ornent.

On appelle *dayé* (au pluriel *daya*) des flots de verdure, sortes d'oasis naturelles que l'on rencontre dans le Sahara ils sont formés par de grands arbres de pistachiers (betoum des arabes, *Pistacia atlantica*, Desf) ; ils ont un fort beau port qui rappelle celui des ormeaux de l'Europe. Ils sont très-longs à venir ; il a fallu des siècles pour le développement de ceux que je vois ; ils ont dû être préservés de la dent des chameaux quand ils n'étaient qu'arbrisseaux ; ils n'ont pu l'être que lorsqu'ils sont venus au milieu de buissons épineux qui ont protégé leurs jeunes ans ; une fois arbres ils servent, comme les palmiers des oasis, à abriter une riche végétation, qu'ils préservent également des rigueurs de l'hiver et des ardeurs de l'été. Toutes ces daya se trouvent dans des dépressions de terrain qui reçoivent des eaux de tous les points de l'horizon.

Il y a peu de temps, avant que les Français fussent installés à Laghouat, l'on rencontrait auprès de cet oasis des daya avec des grands arbres ; ces arbres que les Arabes et leurs troupeaux avaient respectés, nous les avons employés à divers usages, et le Sahara a vu tomber sous notre hache ses plus beaux ornements.

Mardi 27 janvier. — Départ à sept heures et demie du matin ; comme la veille et l'avant-veille, le temps est froid et pluvieux ; la route traverse toujours des plaines couvertes de chihh et dans lesquelles se trouvent diverses daya. Chacune a son nom particulier ; celle où l'on déjeune se nomme *Aoud* (le cheval) ; tout auprès s'en trouve une autre appelée *Aouda* (la jument) ; dans l'après-midi, l'on s'arrête un moment dans la dayé *Nekra* (je lis), et le soir le camp est dressé sous les arbres de la dayé El-Milat.

Tout le long de la route nous avons rencontré de nombreux troupeaux et un grand nombre de douar appartenant aux Laârba.

Mercredi 28 janvier. — Le matin, en sortant de

ma tente, je suis surpris de voir une épaisse couche de gelée blanche ; on dirait que la neige recouvre le sol.

Après le plateau, nommé Rayat, que l'on trouve en quittant Mitat, l'on rencontre de petites collines de pierres calcaires en forme de buttes et peu élevées ; elles sont assez régulièrement espacées, et l'espace laissé entre elles peut être comparé aux mailles d'un filet ; aussi les indigènes ont-ils donné à cette région le nom de *Chebka* (filet) ; le soir nous nous arrêtons au puits de Belloua.

Au milieu du dédale formé par les collines de la Chebka il serait bien difficile de trouver son chemin, si l'on n'avait pris soin de placer sur les sommets les plus élevés des marques de pierres entassées les unes sur les autres pour guider le voyageur dans ce labyrinthe.

Jeudi 29 janvier. — Aujourd'hui nous devons arriver au Mzab. Tout le monde est sur pied de grand matin ; un proverbe arabe dit *qu'il faut que l'hôte soit blanc* ; les indigènes tiennent aussi beaucoup à entrer de bonne heure dans une ville ; tous nos hommes se sont revêtus de leurs plus beaux habits ; nous sortons de la Chebka et l'on prend pour route le lit desséché de l'oued Mzab.

Avant d'arriver à Gardaya, le lit de la rivière se trouve en ligne droite ; il est bordé des deux côtés sur plus d'un kilomètre par de magnifiques jardins ; l'on se croirait dans l'allée d'un parc princier. Le temps s'est remis au beau et un splendide soleil saharien illumine toute cette verdure.

Ces jardins sont entourés de clôtures, formées de murs do briques crues, pas assez haut cependant pour qu'un cavalier ne puisse les dominer et voir du haut de sa monture tout ce qui s'y passe.

Ces vergers sont remplis de vie et de mouvement, des hommes remuent le sol avec des bêches, sément, sarclent, et font toutes les opérations de la culture. Partout l'on entend le bruit de l'eau qui coule et des cordes qui grincent sur les poulies.

Dans les oasis du Sahara l'on est obligé d'arroser chaque jour la terre si l'on veut qu'elle soit fertile ; les Béni-Mzab irriguent leurs cultures au moyen de puits très-profonds (plusieurs ont 60 mètres) ; à côté de ces puits sont placés des bassins carrés, en maçonnerie d'où partent des rigoles dans toutes les directions ; l'on remplit ces bassins au moyen d'un seau formé par une peau de bœuf, suspendu à une corde posée sur une poulie ; à l'extrémité de cette corde l'on attelle des enfants, un nègre, un mulet ou un chameau.

Lorsque c'est un animal qui sert à puiser de l'eau, les Beni-Mzab emploient, pour lui faire gaiement accomplir sa tâche, un procédé particulier. Comme il indique, mieux que ne le ferait une longue digression, l'esprit pratique et la douceur des mœurs de ces sahariens, qui passent toujours en Europe pour être de féroces barbares, je le reproduis ici :

Chaque fois que le chameau, le mulet ou l'âne a extrait du puits un seau rempli d'eau, son maître lui donne une rave, un morceau de courge, une carotte ou toute autre friandise, nourrissant ainsi sa bête tout en l'encourageant au travail ; car l'animal en tirant l'eau pense à la pitance qu'on va lui donner : cela vaut bien, ce me semble, le fouet et les mauvais traitements prodigués le plus souvent par l'Européen aux animaux qui le servent.

A la sortie des jardins se trouve un vaste espace sableux, au bout duquel est bâtie sur un monticule Gardaya.

Une tour carrée qui fait partie de l'enceinte de la ville nous fait face ; il s'y trouve la porte appelée *Bab-el-Djezaïr* (porte d'Alger). Nous la franchissons et nous sommes sur une petite place carrée où débouchent plusieurs rues ; nous prenons celle qui est vis-à-vis de nous, elle a une largeur de quinze mètres environ, et sur les deux côtés se trouvent des maisons régulièrement bâties, blanchies à la chaux et dont les rez-de-chaussées sont occupés par des boutiques. Au bout de cette rue est la grande place où se tient le marché et où se réunit la djemâa ; c'est là aussi que sont situées les maisons des hôtes.

Dès la porte, de nombreux amis nous avaient entourés ; pendant que nous échangeons compliments et souhaits, une maison était aménagée pour Molay-Ali et pour moi ; elle fait l'angle Ouest de la rue par laquelle nous sommes venus et de la grande place du marché ; lorsque tout est installé, nous rentrons chez nous, et le reste de la journée se passe à recevoir une foule de visiteurs.

Vendredi 30 janvier. — Le docteur Warnier, de regrettée mémoire, avait demandé et obtenu pour moi une lettre de son collègue l'honorable M. Léon Crémieux, président de l'Association universelle Israélite ; cette lettre me recommandait aux communautés hébraïques du Sahara central ; l'une d'elles a son siége à Gardaya.

Les Juifs qui habitent l'Afrique septentrionale descendent ou des anciens Israélites, qui étaient déjà répandus dans toute l'Afrique avant la conquête Romaine, ou de ceux qui furent exilés de l'Europe au moyen-âge : par Philippe Auguste en 1182, d'Angleterre en 1290, du Midi de la France en 1395, et surtout de l'Espagne en 1492.

Il se trouve dans l'oued Noun et au milieu des Amazirgs, des tribus juives qui, par exception, vivent sur un pied parfait d'égalité avec les Musulmans, montent à cheval, portent les armes. Une tradition veut que ces tribus soient venues de Palestine, longtemps avant notre ère, et les Mahométans disent que puisqu'ils n'ont point participé au meurtre de Sidna-Aïssa, il serait injuste de les faire participer à la réprobation que leur race a méritée en voulant mettre Notre-Seigneur Jésus-Christ à mort (1). Il pourrait se faire aussi que ces Juifs fussent des Berbères convertis dans le temps au judaïsme ; il est certain que la synagogue a fait dans l'Afrique ancienne un très-grand nombre de prosélytes.

(1) Ils disent : Nous avons mis à mort le Messie, Jésus fils de Marie, l'envoyé de Dieu. Non, ils ne l'ont point tué, ils ne l'ont point crucifié ; un homme qui lui ressemblait fut mis à sa place, et ceux qui disputaient là-dessus ont été eux-mêmes dans le doute. Ils ne le savaient pas de science certaine ; ils ne faisaient que suivre une opinion. Ils ne l'ont point tué réellement. Dieu l'a élevé à lui, et Dieu est puissant et sage. *Le Coran. — Les Femmes, 156.*

Les Juifs du Mzab, et ceux qui vivent dans quelques autres oasis du Sahara, notamment à Figuig : ne sont point obligés, comme leurs coréligionnaires du Tell, de se vêtir de noir ou de couleurs sombre et ils s'habillent, comme les autres Sahariens, de laine blanche ; leur costume consiste en une longue *jeba* (robe) et un ou plusieurs burnous ; ils sont coiffés d'une calotte rouge sans gland et ne peuvent porter ni haïks ni turbans. Ils sont obligés de laisser croître de chaque côté des tempes une mèche de cheveux, ayant la tête rasée et étant circoncis comme les Musulmans : sans cette distinction, leurs cadavres en certaines circonstances pourraient être confondues avec ceux des Mahométans. Ils ne peuvent non plus monter à cheval et sont, à Gardaya, seule ville du Mzab où ils possèdent des maisons, obligés d'habiter un quartier séparé et appelé Mellah. La porte qui donne accès dans ce ghetto est tellement basse et étroite qu'on ne saurait la franchir autrement qu'à pied, ils sont du reste en bute ici, à une foule d'avanies et de persécutions : seuls ils sont obligés de payer un droit lorsqu'ils vont sur les marchés vendre ou acheter quelque chose ; ils ne peuvent quitter leur domicile sans l'autorisation de la Djemâa de Gardaya et ils n'obtiennent cette autorisation qu'en déposant une somme d'argent plus ou moins considérable qui assure leur retour.

Ces Israélites sont orfèvres ou fabricant de cardes pour peigner la laine ; ils cumulent tous ces métiers avec le commerce. Ils le font, il est vrai sur une petite échelle, ils sont cependant assez riches pour être visités par les rabbins de Jérusalem qui font des quêtes.

Désireux de me mettre en rapport avec ces Juifs, j'envoie chez le principal d'entre eux, un nommé Aaron, Mohamed avec la lettre de M. Crémieux ; je prie Aaron de vouloir bien réunir les membres de sa communauté qui ont voyagé dans le Touat, ou qui ont des relations dans cette contrée, lui demandant, si cela ne le dérange pas, de me recevoir ce soir chez lui.

Mohamed est bien accueilli, et Aaron s'empresse de venir me voir : c'est un grand vieillard à longue barbe de prophète, à l'aspect majestueux et assez proprement mis. Il me dit connaître de nom l'association universelle Israëlite et son honorable président, *M. Crémieux, qui a été un des sultans de la France et qui va par toute la terre défendre les Israëlites* ; il m'assure qu'il fera son possible pour me contenter et me promet de réunir ce soir, chez lui, les personnes qui peuvent me donner des renseignements sur le Touat. Je le remercie et il me quitte.

Après mon dîner, il peut être huit heures du soir, je prends le chemin du Mellah suivi de Mohamed et Djellali, à l'entrée je trouve Aaron et une vingtaine de ses coreligionnaires qui m'attendent avec des lanternes.

Les Juifs du Sahara, (ceux que j'ai vus au moins) ont tous entre eux une très-grande ressemblance, ils n'ont point la diversité des traits que l'on trouve chez ceux du nord de l'Afrique, ils sont tous très-grands, bruns, ont des yeux noirs, le teint mat et des nez exagérés, même pour des descendants de Moïse ; ils n'ont pas cependant cet appendice recourbé, qui est le signe caractéristique des Hébreux de l'Europe, *naso del papagallo*, le leur au contraire est droit, et a l'arcade des narines très-développée.

C'est au milieu de ces Israëlites que je marche jusqu'à la maison d'Aaron, située au centre du Mellah elle est construite en pierre sur le plan des autres habitations de Gardaya; elle a une cour intérieure entourée de deux étages de chambres, le rez-de-chaussée est réservé aux magasins et boutiques. Aaron est orfèvre, vend et achète toutes sortes de choses.

L'on me fait monter au premier étage, entrer dans une grande pièce nullement décorée, où un vaste fauteuil et une petite table avaient été préparés pour moi. L'on débute par me présenter des dattes sur un plateau d'alfa tressé et du lait dans de magnifiques hanaps en argent richement ciselés et d'un travail ancien. Ils doivent servir aux libations qui se font le soir du *séder* dans toutes les maisons d'Israël. Deux jeunes femmes assez belles, couvertes de bijoux d'argent, vêtues de longues robes bleues, coiffées de mouchoirs de soie, nous servent, ce sont la femme et la fille d'Aaron.

Dès l'entrée je suis désagréablement surpris par une forte odeur ammoniacale, et elle me poursuit jusqu'au premier : la propreté je le sais bien est le moindre défaut des Juifs africains, mais cette odeur dépasse tout ce que j'ai flairé jusqu'à ce jour. Curieux je demande d'où elle provient : les Mzabites, me dit-on, ont un règlement qui leur interdit d'habiter des maisons dans lesquelles l'on nourrit des animaux; quels qu'ils soient, ceux de Gardaya, ne voulant pas se priver d'avoir des poules et des œufs, mettent leurs volailles en pension chez les

Juifs, dont toutes les maisons sont ainsi infectées par un nombre considérable de ces animaux.

Djellali qui a dans ses attributions de me porter dans un sac de maroquin brodé ma pipe et mon tabac, a l'heureuse inspiration de bourrer ma chibouk, sans que je la lui demande, et de me la présenter tout allumée ; je combats ainsi par l'arôme de sa fumée les émanations des pensionnaires d'Aaron.

Ce dernier a tenu sa promesse, il a réuni des Juifs ayant tous plus ou moins voyagé ; l'un d'eux surtout a beaucoup vu : il pourrait me donner des détails bien curieux, mais il est si vieux, il passe pour avoir plus de cent ans. Il radote, c'est bien permis à son âge, et je ne puis jamais le faire répondre à une question ; il se plaît dans des digressions sans suite, mêlant le récit de ses voyages à Jérusalem aux aventures qui lui sont arrivées dans le pays des noirs et aux courses qu'il a faites dans le Sahara. Cependant, d'après ce qu'il dit, il pourrait bien se faire qu'il ait vu Mabrouk et Aguedes.

Le sujet du voyage terminé, je m'informe de l'importance de la communauté : j'apprends qu'ils sont une soixantaine de familles résidant presque toujours à Gardaya, et qu'il n'y a que très-peu d'entre eux qui quittent leurs maisons pour aller dans les autres villes du Mzab, ainsi qu'à Ouargla et Metlili, confectionner des bijoux ; ils se plaignent beaucoup des traitements qu'on leur fait subir, surtout depuis la mort d'un certain Isaac-Ben-Pirous, chef de leur nation, et qui était reconnu pour tel par la Djema et la Djemâa de Gardaya.

Isaac-Ben-Pirous a été assassiné en 1857 en plein

midi un jour de marché, tué d'un coup de fusil aux portes de la ville par un Chambi que tout le monde connaît et qui avait été payé pour ce meurtre. Les motifs qui firent assassiner Ben-Pirous, auraient été, d'une part sa grande fortune, qui lui donnait une influence considérable et dont on était jaloux, et d'autre part, l'attachement qu'on lui supposait pour la puissance française.

Depuis la mort d'Isaac-Ben-Pirous, ni la Djema, ni la Djemâa n'ont plus voulu reconaître aucun chef de la nation juive pour Gardaya et quoique chaque Israëlite ait ici plusieurs patrons auxquels il rend de nombreux services, notamment de lui garder ses poules, ils ne peuvent plus obtenir de justice. Ils me remettent une lettre dans laquelle ils prient l'honorable M. Crémieux d'intervenir auprès du gouvernement français, de qui les Beni-Mzab sont tributaires, pour qu'un chef de leur nation soit reconnu.

Une de leurs plaintes, (j'en parle parce qu'elle se rapporte à un fait de date récente) est celle que me fait Aaron : l'avant-veille, un chambi d'Ouargla, a amené en cachette un chameau chargé de tabac, les Beni-Mzab, ont une loi religieuse qui leur interdit l'usage du tabac et ils en prohibent la vente sur leur marché. Le Chambi est découvert, son chargement confisqué, et on allait le brûler lorsque Aaron propose d'acheter le tabac, et de l'envoyer à Laghouat. Autorisation est donnée par la djemâa de passer ce marché ; le juif acquitte le droit que tous ceux de sa religion sont obligés de payer toutes les fois qu'ils font une transaction, il paie le chambi, celui-ci est condamné à une légère amende, et reprend avec les douros du juif le chemin d'Ouargla. Aaron veut emporter sa marchandise chez lui, la djemâa lui intime l'ordre de la laisser sur le marché, pour que l'on puisse s'assurer qu'il l'expédiera tout entière à Laghouat. L'Israélite se retire, laissant le chargement sur place. Après qu'il est rentré chez lui, la djemâa de Gardaya fait apporter des fagots et brûle le tabac ainsi que le veut la loi, malgré l'autorisation qu'elle avait accordée à Aaron peu d'instants auparavant.

Ces Juifs, avant de me laisser, me demandent avec instance l'autorisation de m'apporter le lendemain un repas de diffa : « Nous n'avons trouvé, me di-
« saient-ils, encore personne qui voulut nous faire
« le plaisir de recevoir notre hospitalité, peut-être
« serez-vous comme les autres, et ne voudrez-vous
« pas accepter ce que nous serions si heureux de
« vous offrir, et nous refuserez-vous l'honneur
« qu'il y aurait pour nous à avoir ici publique-
« ment un français pour hôte, et nous craignons
« que vous ne consentiez pas à être traité par de
« pauvres Juifs. » Je remercie ces bonnes gens et j'accepte leur invitation.

De retour à la maison, je trouve Molay-Ali qui fait salon, entouré d'un grand nombre de Beni-Mzab. Je leur parle de ce que je viens de voir, et lorsque l'on sait que les Juifs doivent me *differ*, ils se mettent tous à rire, à plaisanter, et à se moquer. Ces plaisanteries ayant duré un certain temps, je demande qu'on veuille bien les finir ; l'on ne tient aucun compte de mon observation ; je mets un terme à des propos qui me déplaisent en disant sérieusement : Demain j'aurai mangé du *tâm* des

Juifs, je serai leur hôte et je les estimerai autant que des fils de Sultan.

Samedi 31 janvier. — Le matin je vais à la grande mosquée, elle est située au centre de la ville, elle a un minaret très élevé, (quarante mètres environ) en forme de pyramide tronquée. Pour y arriver, il faut traverser de petites rues à pentes raides, à maisons qui surplombent, dans lesquelles on ne rencontre que de rares passants, tout le mouvement de la ville étant concentré dans les quartiers bas, où se trouvent les marchés et les magasins.

Je reste quelque temps à examiner en détail cette mosquée, qui n'a de remarquable que sa grandeur et l'excessive propreté avec laquelle elle est tenue, le sol est recouvert de fines nattes, les murs et les nombreuses colonnes qui soutiennent le plafond, sont soigneusement blanchis à la chaux. Ce temple, paraît encore plus vaste qu'il ne l'est réellement, à cause de son peu d'élévation (à peine deux mètres cinquante). Je monte au haut du minaret, d'où l'on découvre les trois villes de Beni-Isguen au Sud-Ouest, Bou-Noura au Sud, et Melika au Sud-Est, ces trois queçours forment avec Gardaya, l'oasis de Mzab ; ils sont distants entre eux de quelques kilomètres seulement. L'on a également d'ici la vue des jardins de l'oasis.

En descendant, je m'arrête un instant devant une école où des bambins, rangés en cercle, autour d'un taleb accroupi sur une natte, lisent tous ensemble et à haute voix des versets du Coran, écrits sur une planchette. Le magister tient une longue gaule, et dès qu'un écolier fait une faute en lisant, ou qu'il cesse de réciter sa leçon avec la monotone cadence voulue, un coup de verge administré par une main exercée châtie le coupable.

Avant de rentrer chez moi, je monte ayant une lettre à écrire, dans le bureau de mon ami Yaya-Ould Saïd (1). Yaya (Jean) est un tout petit homme de 60 ans environ, maigrelet, ayant une figure de fouine; il est très-remuant et très-complaisant. Il a longtemps habité la province de Constantine, où il a créé des établissements de commerce importants; ils sont aujourd'hui gérés par son fils aîné; Yaya, en se retirant des affaires, caressait le rêve de de devenir un homme politique au Mzab. Aussi, se mêla-t-il à toutes les intrigues qui agitent sans cesse cette petite confédération, où il se déploie, pour arriver à être membre d'une djemâa quel-

---

(1) 7 mai 1874. Depuis notre retour d'In-Çalach, Bafou est rentré chez les Beni-Mzab; il habite Bou-Noura.
Je reçois de lui une lettre à 3 heures de l'après-midi; la nouvelle qu'elle m'apporte est des plus graves, Yaya-Ould Saïd, chez qui j'ai adressé, il y a quelques jours, les Zoua de Foggara, conduits par Mohamed, qui m'a toujours donné les preuves d'une amitié réelle, est mort dans la nuit, vers 11 heures du soir.
Il a vaqué à ses affaires durant toute la journée: on l'a vu dans la soirée, allant prendre du café avec trois individus qui ont passé la soirée avec lui. Vers 11 heures, au moment où il est rentré dans sa maison, sa femme lui a fait remarquer qu'il avait l'air pâle et très fatigué; quelques instants après, Yaya était pris de vomissements violents et succombait dans la nuit. Il y a tout lieu de supposer que sa mort est le fait d'un crime et tout le monde pense qu'il a été empoisonné.—*Exploration du Sahara central. Voyage de Paul Soleillet, d'Alger à l'Oasis d'In-Çalah. Rapport présenté à la chambre de Commerce d'Alger. Jourdan, 1874. pages 124 et 125.*

conque, autant de diplomatie qu'il en faut, en Europe, pour siéger dans un Parlement.

Yaya, qui espère toujours avoir un emploi, s'est rejeté sur le parti que l'on pourrait nommer au Mzab, le parti français ; il singe comme il peut notre vie, et la pièce où il se tient habituellement, et où il reçoit ses amis, ne peut avoir d'autre nom que celui de bureau, qu'il lui donne lui-même.

En sortant de chez Yaya, je trouve dans la rue, qui de chez lui mène au marché, un grand nombre de personnes assises sur des bancs en pierre, devant les maisons ; ce sont des négociants qui viennent faire leurs achats. Un encanteur passe au milieu d'eux, tenant dans la main l'échantillon d'une partie de tissus, de grains, de dattes, ou de toute autre marchaudises, qu'il adjuge au dernier et plus fort enchérisseur.

La place du marché est remplie d'Arabes, appartenant aux Laarba, Chaamba, Mekhalif, etc. Ils viennent avec leur chameaux chargés de dattes, de laines, de salpêtre, etc., ils amènent aussi des négresses et des nègres, ils ne sont pas vendus sur la place, mais dans des maisons ou on les tient enfermés. Beni-Isguen du reste, est le centre de ce trafic, et nous aurons l'occasion d'y revenir.

Lorsque ces Arabes se seront défaits de leurs marchandises, ils achèteront du sucre, du café, des tissus, etc. Plusieurs garderont leurs douros, et iront faire leurs achats dans les queçours de Touat, qui, en relation avec le Maroc, approvisionné de marchandises européenne par l'Angleterre, sont mieux fournis que ceux du Mzab, en relation avec l'Algérie, approvisionnée par la France.

Sur cette place du marché, se voit un rond formé de vingt-une pierres brutes, de moyenne grosseur, elles servent à désigner l'endroit, où se tiennent les assemblées de la djemâa ; chaque pierre indique la place de l'un des membres, ce sont les chaises curules du Mzab. A Gardaya, la djemâa doit compter dans son sein, un membre de chaque famille. Lorsque à la suite d'un décès, une place est vacante, une personne de la famille du mort, du consentement des siens, et ayant quitté les affaires, et s'étant fixé définitivement au Mzab, se rend dans le cimetière, suivi de nombreux amis ; là il prend sur la tombe de son grand'père paternel une pierre.

Les tombes au Mzab, sont formées par un cordon de pierres non taillées, posées à côté les unes des autres, et dont une, longue et étroite, est placée au-dessus de la tête du mort.

Chargé de sa pierre, le Beni-Mzab descend sur la place du marché, où par les soins de ses amis et aussi de ses ennemis, toute la population de Gardaya a été réunie. Le candidat se présente à ses électeurs, tenant sa pierre dans les bras, il la dépose à côté de celles qui indiquent le lieu de réunion de la djemâa, et là, s'adressant à la foule, il lui tient à peu près le langage suivant :

« Je suis un tel, fils d'un tel, qui était fils d'un
« tel, mon père. Dieu fasse miséricorde à son âme,
« vous l'avez tous connu : plus honnête homme
« que lui, il n'y en a pas, toujours occupé de ren-
« dre service ; quelle est la famille du Mzab qu'il
« n'ait pas obligé dans l'occasion ? Avec cela, crai-

« gnant et servant Dieu. Mon grand'père, (Dieu fasse
« miséricorde à son âme), sur la tombe de qui je viens
« de prendre cette pierre, fut aussi un homme de
« bien, si tous vous ne l'avez connu ; quel est ce-
« lui de vous qui n'a ici même entendu vanter sa
« générosité, son courage, son dévouement? Et
« moi ne suis-je pas votre frère à tous ? Ne savez-
« vous pas que si je désire aujourd'hui faire
« partie de cette djemâa, c'est pour le bien de
« tous, augmenter la prospérité de notre ville, et
« faire, s'il se peut, que les charges de chacun
« soient diminuées ? Voilà le but où tendront tous
« mes efforts. »

A ce discours qui a été écouté en silence, les partisans répondent par des acclamations, les ennemis par des injures. Lorsque le tumulte a duré un certain temps, les moqadem de la djemâa, font rétablir le silence, et la djemâa décide, quelles ont été les plus nombreuses ou les approbations ou les improbations, et suivant le cas, déclarent le candidat accepté ou refusé.

Sur la place du marché, se voit une petite estrade orientée en maçonnerie, qui sert aux étrangers et aux musulmans non Mzabites, qui habitent Gardaya, de lieu de prière, car les orthodoxes n'ont aucune mosquée dans le Myb.

En rentrant, je trouve Aaron et ses coréligionnaires, ils m'apportent leur diffâ. Elle est réellement somptueuse, et tout le monde en profite. Les mahométans, qui ne mangent pas de mets préparés par les européens, peuvent user de la nourriture apprêtée par les Juifs ; le Coran le leur permet.

Le Chériff et les autres moqueurs font honneur au repas des Hébreux; ces derniers ont l'air tout heureux ne voir qu'à cause de moi, leur politesse est si bien acceptée ; le reste de la journée se passe sans incident.

Dimanche 1ᵉʳ février. — Dès le matin, je vais à Ben-Isguen faire quelques visites.

Ben-Isguen est situé à quelques kilomètres au Sud-Ouest de Gardaya. Pour s'y rendre, on traverse le lit de l'Oued-Mzab, quelques plantations de dattiers, et l'on se trouve au pied de la petite colline, au sommet de laquelle est bâtie cette ville. Ici, comme dans toutes les villes du Mzab, le minaret de la mosquée occupe le centre du monticule, sur la croupe duquel le queçar est construit ; une muraille en pierre de taille avec tours, flanquements et créneaux, entoure la ville.

Une tour fait face au chemin, dans cette tour se trouve la porte ; au-dessus sont bâties différentes pièces : dans l'une, veille toujours deux ou trois habitants de garde ; dans les autres, les notables se réunissent, soit pour causer des affaires publiques, soit simplement pour deviser en regardant la campagne.

Les anciens Juifs, qui couvrirent la Judée de petites villes fortifiées, comme le sont celles du Mzab, avaient aussi la coutume de se réunir dans les pièces ménagées au-dessus des portes. Il en est souvent fait mention dans la Bible; ainsi, lorsque David apprend la mort de son fils Absalon, il y est dit :

« Le roi étant donc saisi de douleur, monta à la
« chambre qui était au-dessus de la porte, et se mit
« à pleurer. » **Les Rois**, *livre II, chap. XVIII, 33.*

La muraille de Ben-Isguen a été reconstruite en entier tout dernièrement ; entre le mur et les maisons de la ville, il a été ménagé un boulevard d'une vingtaine de mètres de large ; il rendrait le service de la place facile en cas d'attaque.

Toutes les maisons de Ben-Isguen sont régulièrement bâties, et d'une construction soignée ; le terrain à bâtir ici a, du reste, une très-grande valeur : il se paie jusqu'à six cents francs le mètre carré.

En entrant dans le queçar, l'on trouve une grande place laissée libre, sur laquelle campent, dans des tentes, les habitants non Beni-Mzab de cette ville, la seule de la confédération dans laquelle aucun étranger ne se trouve propriétaire. Dans le temps, il y eut à Ben-Isguen, comme il existe aujourd'hui dans les autres queçours du Mzab, des étrangers établis, et ayant droit de cité. Leur présence y était une cause perpétuelle de luttes et de dissensions intestines ; la djemâa, voulant y mettre un terme, décida qu'il serait offert à ces étrangers, de quitter le pays moyennant une indemnité raisonnable. Après bien des discussions, ceux-ci largement indemnisés consentirent à partir.

J'ai à voir l'Hadj-Youssef, frère de l'Had-Daoud, amin du queçar de Boghari ; je le trouve sur la place du marché dans un petit comptoir où il se tient. J'aime beaucoup l'Hadj-Youssef, qui par la droiture de son caractère et la bonté de son cœur a su conquérir l'estime de tous ceux qui l'ont connu.

Je traverse la place et je vais trouver Addoun Ben-Saïd, avec lequel je suis en relation d'amitié, c'est incontestablement la personnalité la plus remarquable du Mzab. Addoun est un grand vieillard à la barbe blanche, coupée en brosse, aux yeux petits et perçants, aux lèvres minces et sur lesquelles le sourire du diplomate est constamment stéréotypé. Cet homme, en effet, est un habile diplomate, il a su sans être revêtu d'aucun caractère officiel, ni par ses concitoyens, ni par le gouvernement français, devenir le chef réel du Mzab, vis-à-vis de la France et le représentant de la France au Mzab. Parent du Cheikh. El Baba, ayant un de ses fils taleb, Addoun est bien vu du clergé, et sa fortune lui donne une influence considérable sur tous ses compatriotes.

Addoun Ben Saïd était à Alger, employé chez un de ses parents, lorsque les Français y débarquèrent en 1830. Dès le premier jour, il se met en relation avec nous, devient amin des Beni-Mzab de Blidah, et suit en 1844, les colonnes françaises, qui, sous les ordres du général Marey-Monge, firent l'expédition des quecours.

Plus tard, en 1852, il se trouva à la prise de Laghouat; lorsqu'il vit que nous allions définitivement occuper et administrer cette ville par nous-mêmes, il craint pour l'indépendance de sa patrie. Il se rend immédiatement au Mzab, et là il montre à ses concitoyens leur liberté menacée ; il leur prouve que toute lutte avec la France est impossible ; « un seul moyen, leur dit-il, nous reste pour con-
« server avec notre autonomie, les lois et les usages
« que nous ont légués nos aïeux; les Français ne

« connaissent point encore le désert, ils craignent
» de s'y engager, mais tôt ou tard, ils en appren-
« dront la route, il faut que le jour où ils y pénétre-
« ront, notre situation soit bien nettement établie.
« Or nous ne pouvons être que leurs sujets ou leurs
» tributaires ; déjà nous avons payé un impôt aux
« Turcs, lorsqu'ils étaient maîtres d'Alger: pourquoi
« ne payerons-nous pas un tribut à la France ? Si elle
« l'accepte, elle nous accordera sa protection dans
« les villes du Tell, où elle est souveraine, et forts
« de son appui, nous n'aurons plus à payer des
« droits de passage aux Laârba et aux autres no-
« mades dont nous traversons les territoires. »

Addoun finit par amener un grand nombre de ses compatriotes à partager ses idées. Le Cheikh El-Baba réunit en assemblée solennelle la djema et les djemâa, des sept villes du Myab, et là, dans un de ces conciles, dont j'ai parlé, il fut décidé que chaque ville enverrait à Alger un cheval de *gada*, (l'usage veut que l'on reconnaisse par le don d'un cheval, celui dont on se déclare le vassal), et que l'on proposerait à la France un traité qu'Addoun serait chargé de négocier, et qui fut signé après bien des pourparlers en 1854 :

La France reconnaissait l'intégrité du territoire de la confédération des Beni-Mzab, qui conservaient le droit de se régir et de s'administrer par leurs lois et leurs usages ; et sous aucun prétexte, la France ne devait s'ingérer dans le gouvernement intérieur du Mzab.

La confédération du Mzab reconnaissait la suzeraineté de la France, elle s'engageait à payer un tribut annuel de soixante mille francs, à ne donner secours à aucun rebelle, et s'interdisait de leur vendre des armes, des munitions ou des provisions de bouche. Le passage de nos troupes serait libre à travers le territoire de la confédération, et elle fournirait moyennant paiement les grains et autres objets nécessaires à leur subsistance. Les officiers seuls, auraient le droit de pénétrer dans l'intérieur des quecour.

Depuis la signature de ce traité, dont les clauses ont été jusqu'à présent religieusement observées, la prospérité du Mzab a été en augmentant de jour en jour.

Addoua Ben-Saïd, qui est très-intelligent, a compris tout l'intérêt que le Mzab aurait aux rétablissements de relations suivies entre l'Algérie et l'intérieur de l'Afrique ; aussi facilitera-t-il par tous les moyens en son pouvoir mon exploration, je le sais : il m'en a donné une preuve en me faisant venir chez lui. Le fils du Cheikh Ahmed Ben-Ahmed Chambi Berasgui, qui doit m'accompagner à l'oasis d'In-Çalah, Mamar Ben-Ahmed, arrive à midi ; il m'apprend que son père, prévenu de mon arrivée, quitte ses tentes pour venir à ma rencontre à Metlili.

Ben-Isguen est un centre commercial important; c'est la seule ville de Mzab ayant conservé des relations suivies avec le Touat et le Gourara ; les Châamba de Metlili sont les intermédiaires dont se servent les négociants de cette ville dans leurs relations avec Timimoun, et ceux d'El-Golea leur rendent le même service du côté d'In-Çalah et du Tildikelt. Le Mzab n'a plus rapports d'affaires aujourd'hui avec Ghat et Ghadamès.

Quoique commerçant avec le Touat, les Beni-Mzab n'y vont jamais ; ils confient aux nomades dos marchandises, surtout du sucre, du café, du savon, des bougies et des allumettes, produits qu'ils tirent du Tell Algérien ; de la poudre et des tissus de laine, provenant de leurs fabriques. Les calicots et les cotonnades françaises ne sont presque point exportés au Touat, car les produits similaires, d'origine anglaise, y arrivent en abondance et à bas prix par le Maroc.

En retour de ces marchandises, il est porté au Mzab du henné, (*Law-sonia inermis.* **Linn**) plante dont il se fait une très-grande consommation dans toute l'Afrique Septentrionale où elle est employée comme cosmétique et remède ; des peaux dites filiali, connues en Europe sous le nom de maroquin ; des pierres d'alun ; des dépouilles et des plumes d'autruche ; du salpêtre, et quelques autres marchandises du Sahara et du Soudan.

Le Mzab reçoit aussi 1,500 à 2,000 nègres par an, et surtout des négresses ; ils sont ammenés soit par des gens du Tildikelt, soit par des chaâmba, qui vont les acheter pour le compte des Beni-Mzab, à In-Çalah. Il y a à Beni-Isguen toujours un nombre assez considérable de nègres et de négresses en vente. En attendant qu'ils soient revendus, les hommes sont employés dans les jardins à puiser de l'eau ; les femmes, lorsqu'elles sont jeunes, sont quelquefois prostituées.

Puisque j'ai soulevé ici cette question de l'esclavage, je dois, il me semble, en dire quelques mots. Constatons d'abord, que, si l'esclavage a été aboli de droit en Algérie par la loi française, il existe toujours de fait, chez tous les nomades et dans les villes du Sud.

Les Musulmans n'ont jamais eu dans l'Afrique du Nord, des esclaves qui, comme ceux des habitations européennes du nouveau-monde, soient occupés sous le bâton à de durs et pénibles travaux. Ils font de leurs noirs des domestiques, les marient avec leurs négresses, qu'ils épousent même assez souvent. La condition de ces nègres est, en définitive, très-douce, nullement comparable à ce qu'elle était en Amérique et à ce qu'elle est actuellement dans l'Afrique du Sud. Aussi, la plus part des esclaves appartenant aux nomades algériens, restent avec leur maître, tout en connaissant la loi française qui les déclare libres.

Je quitte Ben-Isguen à quatre heures, Mamar m'accompagne à Gardaya.

Lundi 2 février. — Un ami de Molay-Ali, ancien amin du Mzab, à Laghouta, Mohamet-Ben-Youssef-Baffou, habite Bou-Noura et je vais le voir dans la matinée. Cette ville, qui fut la grande cité de la confédération, tombe aujourd'hui en ruines ; elle a été détruite par ses propres habitants, qui, partagés en çoff, se sont livrés dans son enceinte même aux combats les plus meurtriers. Aujourd'hui, Bou-Noura est une sorte de léproserie morale qui sert de refuge aux bamis des autres queçours ; tel est le cas de Bafou.

Bou-Noura n'est séparé de Melika, la ville sainte de Mzab, que par un ravin, et c'est en passant par ce queçar, que je rentre à Gardaya.

Ce qu'il y a de plus curieux dans Melika, et peut être dans tout le Mzab, c'est le tombeau d'un saint vénéré, Sidi Aïssa (Jesus) ; devant la kouba qui recouvre sa dépouille mortelle, se trouve une vaste esplanade toute dallée en pierre soigneusement blanchie à la chaux. De ce point l'on domine toute l'oasis de Mzab, et c'est là que se réunissent, sous la présidence du Cheikh El-Baba, qui a ici sa résidence, la djema et les djemâa du Mzab, pour ces grandes assemblées dont j'ai parlé.

Un certain nombre de familles de Châamba, originaires de Metlili, habitent Melika ; il y eut pendant longtemps des guerres meurtrières entre les Beni-Mzab et le Châamba de Mettili. Un jour, la paix fut conclue ; il peut y avoir de cela cent cinquante ans ; et pour s'assurer qu'elle ne serait plus violée, l'on se donna mutuellement des otages ; ceux des Chaâmba vinrent avec leur famille habiter Melika, et ceux du Mzab furent s'installer à Metlili, qui est la seule ville n'appartenant point à la confédération où des gens de cette nation vivent en famille.

De retour à Gardaya, j'ai à recevoir tout l'après-midi de nombreuses visites, mon départ étant fixé pour le lendemain matin.

Mardi 3 février. — L'Hadj-Youssef m'a fait promettre, avant hier, d'aller déjeuner chez lui avant de partir pour Metlili ; aussi, le matin, en traversant Ben-Isguen, je m'arrête avec tous mes gens dans son hospitalière maison.

Je m'assieds, prêt à bien déjeuner ; Djelali tout

en émoi vient me prévenir qu'il se fait un mouvement considérable parmi les habitants de Ben-Isguen, et qu'un grand nombre d'entre eux, porteurs de grandes clefs en bois et de bâtons, entourent la maison et paraissent animés d'intentions peu bienveillantes. Je sors alors pour me rendre compte de ce qui se passe, et j'apprends que le mécontentement de la population est motivé par la présence de Mohamet-Ben-Youssef Bafou, entré avec nous chez l'Hadj-Youssef.

Bafou est né ici, il a été pendant longtemps amin du Mzab à Laghouat; le célibat obligatoire imposé par la loi de son pays étant peu de son goût, il y épousa à Laghouat une femme arabe; il eut de cette femme un fils. Il n'a voulu abandonner ni la mère ni l'enfant, un charmant petit garçon de dix à onze ans, et il est rentré avec eux au Mzab. Une telle audace a été punie du bannissement perpétuel ; c'est avec peine qu'on le laisse vivre en proscrit à Bou-Noura, mais l'on ne veut l'admettre sous aucun prétexte à Ben-Isguen, et l'on ne parle rien moins que de l'assommer, lui et Molay-Ali, qui l'a amené, lorsqu'ils sortiront de chez l'Hadj-Youssef. Voyant que l'effervescence populaire est grande, et craignant un malheur, je fais partir en cachette Molay-Ali et Bafou, et je reste à parlementer avec la foule ameutée jusqu'a ce qu'ils soient, l'un et l'autre, sortis de la ville

Je retourne déjeuner ; je dis amicalement au revoir à mon amphytrion, je vais ensuite faire mes adieux à Addoun-ben-Saïd et prendre chez lui deux de ses parents, qui doivent m'accompagner à Metlili, et me servir d'intermédiaires et de témoins dans la convention que je dois passer avec le Cheikh Ahmed-ben-Ahmed ; l'un, Addoun-ben-Daoud, est négociant à Laghouat, et membre de la commission administrative de cette oasis ; l'autre, Bahmed-ben-Youssef, est négociant à Mostaganem ; tous les deux se trouvent de passage à Ben-Isguen, leur patrie.

Nous montons tous les trois à cheval, et nous prenons la route de Metlili. Je rencontre sous un arbre, en dehors de l'Oasis, Molay-Ali et Bafou, qui nous attendent ; ils se joignent à nous et nous formons une petite caravane pittoresque.

En tête, marche Mamar, qui, en sa qualité de Chambi, sert de guide ; il monte un petit cheval du Touat, de robe grise et à crinière noire, qui est rempli de feu ; son cavalier le manœuvre avec une grande élégance. Le gros Chériff vient ensuite, sur une jument blanche, ayant à sa droite Bafou, et à sa gauche, l'un de ses domestiques. Je forme le troisième peloton, et je chevauche entre les deux parents d'Addoun, qui ont de magnifiques chevaux, richement harnachés. La marche est fermée par un spahis, qui est venu pour mon courrier, et par mes deux garçons montés l'un et l'autre sur mon mulet. Les chameaux et les bagages sont partis de grand matin, et doivent déjà être arrivés à Metlili.

La route que nous suivons, tantôt est au milieu de verts ouidan, tantôt traverse des plateaux pierreux. L'un d'eux se termine brusquement, et surplombe l'Oasis et le queçar de Metlili, dont on aperçoit d'abord les palmiers comme s'ils étaient au fond d'un puits. L'on s'engage dans un défilé

(*Chûbet-Mzab*), et à mesure que l'on descend, l'on découvre quelques maisons bâties dans les jardins, et ensuite le queçar lui-même, il est construit sur la croupe d'une butte, adossée à une montagne de pierres, toutes ensoleillées.

Les maisons, bâties en moëllons, ne sont pas recrépies. Avec le temps, le soleil, en les calcinant, les a dorées des mêmes feux que les rochers avec qui elles se confondent : seul le minaret de la Mosquée, en forme de pyramide tronquée, placé sur le point culminant de la ville, tranche par sa blancheur avec les tons rougeâtres environnants. La muraille de pierres sèches qui entoure le queçar est plus qu'à moitié ruinée.

Talleyrand, tel est le sobriquet que je me suis plu à donner au Caïd du queçar Sliman-ben-Messaoud : il est boiteux comme le vieux diplomate français, et a même quelque chose dans les traits qui rappelle le masque simiesque de l'ancien Evêque d'Autun ; il est rusé et fin, comme lui, et la bonhommie qu'il affecte, n'est qu'apparente. Couvert d'habits plus que modestes, suivant son habitude, Sliman est-là, à la porte, pour nous souhaiter la bienvenue; avec lui se trouvent les Chorfa-Mouley-Taieb-ben-Mohamed-El-Bardi, et Aboubekr-ben-Mouley-Ismaël; les autres caïds, des Chaamba-de Metlili, Kouider-ben-Taggar, Caïd des Ouled-Allouch, et Mohamed-ben-Fargealla, caïd des Ouled-Abd-el-Kader, sont là aussi avec d'autres habitants.

Molay-Ali n'entre point dans le queçar, ses tentes sont dressées dans le cimetière qui est devant la porte Nord.

Sliman prend lui-même mon cheval par la bride et me conduit à sa maison de commandement située tout auprès de la porte, mais dans l'enceinte du queçar. Sliman, en me faisant voir sa ville aux trois quarts démolie, me dit en riant qu'il est caïd du queçar (*Kassar* brisé), et je suis ainsi accueilli au cœur du Sahara par un vieux Chambi qui fait des calembourgs tout comme un loustic parisien.

Je descends de cheval et je m'installe dans la maison gracieusement offerte par Sliman ; elle consiste en une grande pièce entourée d'arcades avec une galerie ouverte à la hauteur du premier étage, le tout recouvert par une terrasse ; sous les arcades et dans la galerie du premier, des nattes et des tapis ont été étendus. Du bas je ferai mon salon, et au premier l'on couchera. Le feu pour préparer les aliments et faire le café est au milieu de la pièce du rez-de-chaussée ; la fumée s'en va comme elle peut par les interstices de la toiture.

Metlili, queçar des Châamba-Berazgua, d'une construction peu ancienne, est bâti sur la berge Nord de l'oued Metlili, entre les deux défilés où se trouvent les chemins du Mzab. Celui de l'Est, par lequel nous sommes arrivés, s'appelle Chaabet-Mzab ; l'on y voit un puits entouré d'une large margelle, Hassi-ben-Omran, où l'eau se puise à quinze ou vingt mètres du sol ; le défilé qui se trouve à l'Ouest est le Chaabet-Mouley-Sliman.

L'oued Metlili a un cours en avant du queçar Nord-Ouest ; en aval, le cours Est Sud-Est. Sur les rochers, qui sont tout autour de la ville sont construites un grand nombre de chapelles dédiées aux différents saints de l'Islam et surtout aux oulâd Sidi-Cheikh. Au Nord de Metlili, sauf un ou deux jardins qui confinent la muraille, les plantations ne commencent guère qu'à quinze cents mètres du queçar ; mais elles s'étendent ensuite pendant un kilomètre et demi au moins ; il y a aussi de fort beaux vergers au Sud-Est et au Sud-Ouest. L'on cultive dans l'oasis les mêmes plantes qu'au Mzab, et les céréales (blé dur et orge) y viennent fort bien. Les concombres de Metlili sont renommés ; arrivés a maturité ils mesurent près d'un mètre de longueur et ont presque le goût du melon d'Espagne. Il se trouve sur la berge de l'oued une curiosité botanique, ce sont des arbrisseaux qui atteignent une hauteur de deux mètres cinquante à trois mètres ; le tronc a la grosseur de la cuisse d'un homme, les branches de diverses grosseurs ont de larges feuilles d'un vert grisâtre ; l'arbre tout entier est rempli d'une sève laiteuse très-épaisse et qui coule en abondance lorsque l'on fait une incision au tronc ou aux branches. Cette plante avec sa sève pourrait fournir, je le crois, un produit à l'industrie, peut-être une succédanée du caoutchouc ; cet arbuste est appelé à Metlili *krounka*: c'est le *Calotropis procera*. — R. Br.

Mercredi 4 février. — Journée passée dans les jardins de Sliman, ils nous a invités à dîner et à déjeuner chez lui ; il est fort riche et reçoit grandement ; le caïd a fait préparer pour la circonstance, au milieu d'un jardin, sous un bosquet formé par des palmiers, des grenadiers, citroniers, jasmins, rosiers, de grandes nattes recouvertes de tapis aux riches couleurs et de moelleux coussins. Nous passons une journée charmante, et le temps qui n'est pas employé au repas l'est à écouter de longs récits de chasse, de razzia ou de guerre.

Un taleb des oulad Sidi-Cheikh du nom de Mohamed, qui est au milieu de nous, se met à chanter les hauts faits de ses ancêtres ; il improvise aussi une chanson de circonstance dans laquelle il loue Sliman de son hospitalité et il rappelle, l'un après l'autre, tous les mets qui nous ont été offerts, le nombre de fois que le café et le thé ont été présentés ; il parle également des hôtes de Sliman et il finit en me consacrant trois ou quatre couplets.

L'on joue dans l'après-midi à différents jeux : aux dames, aux échecs ; l'on saute, l'on lutte, et j'étonne mes Bédouins en en faisant ranger une dizaine, espacé de dix en dix pas, l'échine baissée et la tête courbée, et en les franchissant au saut de mouton ; c'est, je le crois, la première fois que les palmiers de l'oasis sont témoins d'un tel exercice. Mes compagnons y prennent goût ; je recommence plusieurs fois et je saute par dessus chaque membre de la société, même le gros Molay-Ali, tout chérif et descendant de l'Hadj-Aïssa qu'il est, y passe.

Le soir, en rentrant au queçar, nous formons une bande joyeuse et nous nous amusons à lancer nos chevaux à pleine carrière et à tirer des coups de fusil ; c'est la fantasia, jeu cher aux Arabes et qui me plaît beaucoup.

Deux cavaliers se détachent du groupe, partent

ensemble debout sur leurs larges étriers, tenant le fusil dans la main gauche et le brandissant au-dessus de leur tête ; lorsqu'ils ont parcouru en pleine carrière cinq ou six cents mètres, ils tournent brusquement dans une pirouette au galop, en ne se servant que des jambes, leurs montures, et s'élancent au triple galop sur la masse des cavaliers qui viennent au petit pas ; à une centaine de mètres du peloton, ils épaulent leurs armes et tirent leurs fusils chargés à balle dans la direction du groupe ; le comble de l'art est de ne produire qu'une seule détonation et d'être assez sûr de sa balle pour aller frapper le sabot d'un des chevaux sur lesquels l'on court. Au moment où les deux cavaliers retournent, deux autres se sont détachés et ainsi de suite, successivement deux par deux tous les hommes qui font partie d'une fantasia courent et font parler la poudre, aux joyeuses acclamations des femmes cachées sous les tentes ou derrière les haies des jardins.

Jeudi 5 février. — Je suis réveillé par Mamar-ben-Ahmed, qui m'annonce l'arrivée de son père. Je me lève ; ma toilette est bientôt faite, puisque je couche habillé, et je descends pour recevoir le Cheikh-Ahmed-ben-Ahmed. Dès son entrée le Cheikh captive toute ma sympathie : je comprends que j'ai devant moi un homme, suivant la vraie et la bonne acception du mot.

Le Cheikh-Ahmed-ben-Ahmed est incontestablement la personnalité la plus remarquable de toute la grande tribu des Châamba ; il est fort beau au physique, d'une taille très-grande, le visage orné d'une longue barbe blanche taillée en pointe, un nez en bec d'aigle; tous ses traits respirent la force, l'énergie, le courage, mais la dureté qu'ils donneraient à sa physionomie est tempérée par son œil dont le regard est rempli de bonté. Il fut le bras droit de Sidi-Hamza des oulad Sidi-Cheikh, qui estimait en lui les qualités de son cœur et la force de son bras ; le Cheikh est non-seulement renommé par son courage dans toute sa tribu il est aussi bien connu dans tout le Sahara, des Touareg du Hogard, comme des oulad Hamou du Tidikelt. Son intrépidité que rien n'égale, sa force herculéenne, son habileté à se servir d'un fusil et d'un sabre, ainsi que son adresse à manier un cheval ou un mehari lui ont valu dans tout le désert, le renom d'un *moul el dra* (le maître du bras); la loyauté de son caractère, la sûreté de sa parole, l'empressement qu'il a toujours mis à obliger le font aussi appeler *ragel taieb* (homme excellent)

A peine le Cheikh est-il rentré que nous nous retirons tous les deux sur la terrasse, où viennent nous rejoindre Addoun-ben-Daoud et Bahmed-ben-Youssef. Nous discutons sérieusement tous les termes d'une convention, d'après laquelle le Cheikh-Ahmed-ben-Ahmed, doit m'accompagner à El-Golea et à In-Çalah ; il doit aussi me fournir les moyens de transports par chameaux et les hommes qui me seront nécessaires pour le voyage.

Je m'engage à payer au Cheikh une somme de deux mille cinq cents francs, dont la moitié doit lui être remise avant le départ et le restant huit jours après notre retour à Metlili. Pour ne pas être limité par le temps dans les séjours que je puis être appelé à faire dans les localités que je vais explorer, je garde à ma charge la nourriture des hommes et des animaux qui composeront notre caravane.

De la terrasse où nous nous étions entretenus je mène, lorsque tout est conclu, le Cheikh au rez-de-chaussée de ma maison; je le fais asseoir sur mon tapis et je prends une tasse de café sur un plateau que tient Djelali : j'y trempe mes lèvres et je l'offre au Cheikh; celui-ci veut, avant de la boire, montrer d'une façon solennelle l'importance qu'il attache à l'engagement qu'il vient de prendre avec moi.

Il se lève, prend sa barbe dans sa main droite et me dit :

Que ta barbe soit la mienne, que ma barbe soit la tienne.

Il me montre ensuite, avec un geste rempli de noblesse, son fils Mamar et son plus jeune frère Ab-del-kader, qui se tiennent debout l'un à sa droite et l'autre à sa gauche; il ajoute :

Voilà ton fils, voilà ton frère.

Depuis ce moment je suis considéré par cette famille comme l'un de ses membres et j'ai pour eux tous une vive et sincère affection.

Vendredi 6 février. — Les deux parents d'Addoun doivent partir ce matin ; je les vois s'éloigner avec regret ; je désirerais les conserver encore quelques jours auprès de moi, mais ils me disent que cela leur est complétement impossible. Demain c'est au Mzab le jour d'une grande solennité religieuse ; c'est la fête des morts : l'on se réunit dans les cimetières, l'on y fait des prières pour les défunts, et le tout se termine par une agape prise dans une maison construite exprès au milieu de la nécropole.

A midi, je prends congé des Beni-Mzab ; Djellali part avec eux ; je le charge de diverses commissions.

Le Cheikh a besoin d'un certain nombre de jours pour pouvoir réunir les hommes et les animaux nécessaires à notre voyage. J'ai reçu à Laghouat une lettre de mon ami Dourneaux-Dupère qui m'engage à aller voir l'agha de Ouargla (1), Sidi-Mohamed-ben-Hadj-Dris qui peut m'être de la plus grande utilité au cours de mon voyage.

Je dis à Mamar que je veux aller à Ouargla et qu'il me ferait plaisir de m'accompagner.

Samedi 7 février. — A deux heures de l'après-midi, je monte à cheval avec Mamar et un de ses parents du nom d'El-Attach ; nous emportons sur nos chevaux des dattes et de l'orge, les unes pour nous, l'autre pour eux ; nous avons aussi une toute petite outre *chibouta* contenant cinq ou six litres d'eau, et nous prenons joyeusement la route d'Ouargla.

(1) Sur mon invitation expresse, M. Soleillet va se rendre à Ouargla avant de se diriger sur El-Goléa ; son voyage, en effet, n'est possible qu'à la condition qu'il se présente à Abd-el-Kader Ould-Bajouda avec la protection de l'agha, qui est en relation constante avec lui. (Lettre de Dourneaux-Dupère à M. Henri Duveyrier, **Bulletin de la Société de géographie de Paris, Août 1874**).

Je suis pendant quelque temps le lit de l'oued Mellili, je le quitte pour entrer dans une vaste plaine couverte de drin (*Arthrotherum Pugens* **P.B.**), qui constitue un excellent fourrage pour tous les animaux ; sa graine est donnée aux chevaux en guise d'orge, et elle sert aussi à faire une farine appelée *loûl*, qui entre dans l'alimentation des Châamba.

Au moment où le soleil va se coucher, nous entendons les jappements d'un chien ; nous nous dirigeons du côté d'où ils proviennent, et nous trouvons, caché dans un pli de terrain, un douar formé de quatre tentes ; nous nous y arrêtons et demandons l'hospitalité, qui nous est gracieusement accordée.

Ce douar appartient à un parent de Mamar, et l'on nous fait fête ; un tapis est étendu sur le sol en plein air ; on nous allume du feu et l'on se met à nous préparer du couscous. Pendant que l'on fait ses préparatifs, je m'amuse avec Mamar à plaisanter notre compagnon El-Attach sur la longueur de son nez et de toute sa personne. L'Hildalgo, de la Manche, n'a jamais eu plus triste figure que notre maigre et osseux compagnon ; au demeurant c'est le meilleur fils du monde ; il entend très-bien la plaisanterie et il en rit avec nous. Car rien n'est plus faux que la prétendue gravité des Arabes ; du moment où l'on est dans leur intimité on ne tarde pas à voir qu'ils savent rire et plaisanter aussi gaiement que qui que ce soit. Du reste cette majesté des Orientaux qui nous surprend et cette gravité des Arabes qui nous étonne, tiennent à l'économie de leur costume ; obligés de soutenir leur haïk et leur burnous avec le bras gauche, qui est constamment caché par les draperies, ayant comme vêtement de dessus un manteau sans manches, qui ne laisse de libre que l'avant-bras droit, ils se trouvent réduits par la nécessité de leur habillement aux seuls gestes nobles.

Lorsque nous avons mangé, je tire les capuchons de mes burnous sur mes yeux, j'étends les pieds au feu et je m'endors.

Dimanche 8 février. — Nous montons à cheval bien avant le jour ; la route se continue à travers la même plaine ; le froid est très-vif ; de temps à autre nous mettons pied à terre et nous allumons des touffes d'herbes sèches pour nous chauffer.

Mes deux compagnons, comme tous les Sahariens sont exacts à accomplir leurs devoirs religieux.

« Fais la prière aux deux extrémités du jour et à « l'entrée de la nuit ; les bonnes actions éloignent « les mauvaises. Avis à ceux qui pensent. » Le Coran. Houd, 116.

Aussi sur les six heures du matin, s'arrêtent-ils devant un petit oratoire élevé en l'honneur d'un marabout des oulad Sidi-Cheikh, nommé El-Hadj-Bou-Haous ; cet oratoire est du genre de ceux nommés *moquam* ; il consiste simplement par quelques pierres sèches, posées les unes sur les autres et formant une petite enceinte carrée. L'on a fiché dans les pierres du mur une quantité considérable de bâtons, auxquels pendent des chiffons de diverses couleurs : ce sont des *ex-voto*.

Mamar et El-Attach, n'ayant point d'eau pour faire les ablutions prescrites avant la prière, se servent de poussière ; cette espèce de purification, qui s'appelle *tetemmoun*, est seule généralement pratiquée par les Châamba, qui croient, comme les Touareg, que l'eau ne peut sans danger être mise en contact avec la peau. Ce qui est vrai, je le sais par expérience, c'est que si l'on s'expose après s'être lavé à l'air dans le désert, la peau ne tarde pas à se crevasser en tout sens.

Pendant que mes Sahariens prient, je fais différentes expériences météréologiques et c'est ainsi que je reconnais que la température ambiante n'est que de + 1, il a dû donc geler la nuit dernière.

Moins heureux que hier, nous sommes surpris par la nuit sans avoir rencontré de campements, et après avoir soupé, comme nous avons déjeuné, de quelques dattes, roulés dans nos burnous, la tête appuyée sur nos selles, nous attendons, en dormant, le moment de nous remettre en route.

Lundi 9 février. — Je pars à trois heures du matin ; à sept heures je suis devant les dunes de sable qui entourent l'oasis d'Ouargla. Elles sont peu élevées et se franchissent facilement, même avec des chevaux ; et à dix heures du matin je m'arrête aux premiers jardins de l'oasis ; je n'ai donc pas mis quarante-huit heures pour faire les cent soixante kilomètres qui séparent Metlili de Ouargla ; les caravanes emploient habituellement cinq ou six jours pour ce trajet. Je m'arrête dans un jardin et, pendant qu'avec Mamar nous faisons boire nos chevaux, j'envoi El-Attach prévenir l'agha de mon arrivée.

Après que nos montures se sont désaltérées et que je me suis lavé, nous partons ; je m'engage dans un chemin bordé à droite et à gauche par des vergers de palmiers, au bout desquels est un fossé rempli d'eau croupissante. Je le franchis sur un pont situé vis-à-vis une grande tour carrée dans laquelle se trouve une des portes de la ville. Je traverse un vrai dédale de petites rues tortueuses pleines de monde, et j'arrive sur la place où est bâtie la Casbah, sans avoir, grâce à mon costume arabe, excité la moindre curiosité. L'agha avait reçu El-Attach et il allait monter à cheval pour venir à ma rencontre ; je suis heureux d'arriver à temps pour lui éviter cette peine ; il me fait l'accueil le plus gracieux et me mène dans un logement qu'il m'a fait préparer.

Sidi Mohamed-ben-Hadj-Driss (1) est un officier de spahis indigène ; il appartient à la tribu nomade des Gahari du cercle de Biskra. Élève de l'école arabe française de cette ville, il parle et écrit fort purement le français ; il a habité Paris, est propriétaire à Chatou, et complétement dévoué

(1) Aujourd'hui agha de Tougourth et du Souf. L'agha actuel de Ouargla est Sidi-Saïd-ben-Hadj-Driss, frère aîné de Sidi-Mohamed et le vainqueur de Bouchoucha.

aux idées de la civilisation moderne. Il sait aussi allier l'amour le plus complet pour ses compatriotes et ses coreligionnaires à l'affection la plus grande et la plus sincère pour la France.

Il travaille de tout son pouvoir à la régénération du Sahara, son pays, et il croit à la possibilité de l'assimilation des indigènes à la civilisation française ; n'en est-il pas lui-même un exemple frappant ? tout en ayant conservé les qualités de sa race, brave soldat, brillant cavalier, il se montre administrateur habile et intelligent.

L'agha Mohamed fut, pendant la guerre de 1870, le héros d'une chevaleresque aventure ; tous les journaux de l'époque l'ont racontée ; on causait, entre officiers, devant les Prussiens, pendant que le canon grondait et que la fusillade roulait, de la manière de combattre des Arabes ; les uns étaient pour, les autres contre. L'agha, sans rien dire, prend le fusil d'un de ses hommes, enlève son cheval au galop et charge à fond de train sur les Allemands qui ne peuvent comprendre ce que leur veut ce cavalier isolé dont le grand burnous rouge flotte au vent, qui pousse des cris rauques en brandissant son fusil et en labourant de ses *choubour* (éperons) les flancs de son noir coursier. Arrivé à deux cents mètres des Prussiens, sans arrêter sa monture, il vise, tire et tue un officier supérieur ; retourne son cheval par une brusque pirouette sans lui faire quitter le galop et, tout en déchargeant son revolver sur l'ennemi qui lui envoie de nombreuses balles, il revient auprès des officiers français ses camarades et leur dit : *Voilà la guerre des Arabes.*

L'agha Mohamed a donné une grande preuve d'habileté administrative en faisant créer autour de son bordj de Bab-Mendil une sorte de ferme modèle ; là il s'est livré à différents essais de cultures ; une surtout lui réussit admirablement, c'est celle du coton. Le coton a toujours été cultivé à Ouargla, mais sur une échelle très-restreinte ; l'on se bornait à produire les quantités nécessaires à la consommation des fabriques locales, dans lesquelles se confectionnent quelques haïks rayés, laine et coton. L'agha s'efforce de donner à cette production une importance réelle ; il a remplacé la variété propre à l'Oasis par des graines originaires du Soudan, qui sont similaires des espèces américaines connues sous le nom de Géorgie longue soie.

L'agha s'est marié, à Constantine, à une femme européenne, devant l'officier de l'état-civil et suivant la loi française ; il a aujourd'hui un charmant petit garçon de quatre à cinq ans, qui s'appelle Bou-Ali.

A midi, je m'asseois à la table de l'agha, servie à l'européenne et sur laquelle se trouvent des mets français et des mets indigènes : son secrétaire, un alsacien, sous-officier de spahis, M. Bitcho, mange avec nous ; Sidi-Saïd, son frère aîné, ne se met point à table ; car, à cause de sa position, il considère son frère Mohamed comme le chef de la famille, mais il est là à causer, et de temps en temps croque une friandise ou une autre ; il se montre surtout amateur de la salade.

Je passe ma journée et je reste bien avant dans la soirée à causer avec mes hôtes ; ce n'est peut-être point sans surprise que mon lecteur apprendra

que nous étions assis au coin du feu, après un
excellent repas arrosé de Bordeaux et de Champagne, à nous entretenir, tout en fumant des londress et en buvant de la bière de Paris, de l'opéra,
de M. Perrin, que l'agha a connu directeur de l'Académie nationale de musique.

Notre conversation forme un curieux contraste
avec nos costumes et tout ce qui nous entoure. Je
me retire après minuit, et c'est avec un véritable
plaisir que je me déshabille et me couche dans des
draps, volupté que je n'ai pu me procurer depuis
mon départ de Laghouat.

Mardi 10 février. — La matinée se passe à causer avec l'agha, de mes projets de voyage ; il me
promet des lettres pour différents personnages
d'In-Çalah avec qui il est en relation ; il m'annonce
qu'il attend d'un jour à l'autre des Touareg du
Djebel-Hoggar, qui doivent venir porter des présents à Mohamed El-Aïd, le moqadem des Tdjed
jena ; il compte aussi que des gens d'In-Çalah vont
arriver pour prendre diverses marchandises qu'ils
ont commandées à Ouargla.

Après déjeuner, je vais avec l'agha visiter le
marché. Nous venons de nous asseoir sous les galeries qui l'entourent, lorsque l'on annonce l'arrivée d'un targui d'In-Çalah ; il vient monté sur un
mehari blanc ; il est entièrement vêtu d'étoffes de
coton du Soudan, teintes en bleu très-foncé ; il a le
visage voilé d'une gaze noire qui lui fait plusieurs
fois le tour de la tête et dont un pli au-dessus des

yeux a la forme d'une visière de casquette ; il est coiffé d'un haut bonnet rouge, entouré d'un turban de laine rouge ; ses armes sont une longue lance de fer qu'il tient dans la main droite ; il a un bouclier, une épée et un fusil suspendu à sa *ralla* (selle). Arrivé au milieu de la place, il fait agenouiller son chameau, en descend et se présente à l'agha, pour qui il a des lettres.

Cet homme se nomme Mohamed-ben-Amadou ; il appartient à la tribu des oulad Hamou et à la famille des oùlad Bajouda ; il est même fils d'une des sœurs de l'Hadj-Abd-el-kader, Cheikh d'In-Çalah.

Il n'a mis que neuf jours pour venir d'In-Çalah à Ouargla. Pendant tout ce temps il n'a rencontré âme qui vive, et il a vécu exclusivement de *rouina* (farine d'orge grillée) dont il a une petite provision dans une outre. Il a aussi une outre pour l'eau, mais sa guerba est vide depuis la veille au soir; son mehari n'a pas bu depuis In-Çalah, et ne s'est nourri que des herbes rencontrées le long de la route. Il est cependant en fort bon état, quoiqu'il ait fait plus de huit cents kilomètres en neuf jours.

Un voyage aussi long, exécuté dans de semblables conditions, est un exemple probant de la sobriété des Sahariens, et de la facilité avec laquelle ils supportent la fatigue. Ben-Amadou, ne tarda pas à nous donner une preuve tout aussi incontestable de la gloutonnerie de ces mêmes populations, en absorbant une quantité considérable de nourriture : elle aurait suffi pour rassasier six européens, d'appétit moyen. Quand il eut mangé, le targui fit la sieste : il en avait besoin.

Laissons-le dormir, et qu'il me soit permis maintenant de placer sous les yeux de mon lecteur un événement important de mon voyage ; et cela dans les termes du rapport que j'ai adressé sur mon exploration, dès mon retour du Touat, à la chambre de commerce d'Alger, et où je dis, page 48e :

J'apprends alors que le bruit a été répandu, depuis quelques temps à In-Çalah, que le chrétien qui devait venir prochainement n'était pas M. Soleillet, dont on s'entretenait depuis près de deux ans, mais bien un officier d'état-major français, qui se faisait passer pour lui et qui n'allait à In-Çalah que dans le but de reconnaître le pays et en lever le plan pour y conduire ensuite une colonne.

Une fois réveillé, le targui vint me trouver dans le cabinet de l'agha, et me donna avec détail des renseignements précis sur l'oasis d'In-Çalah, renseignements qui trouveront leur place naturelle dans la suite de ce récit.

Mercredi 11 février. — Journée passée à visiter l'oasis, dont la plus grande longueur est Nord-Est, Sud-Ouest. La ville est bâtie au milieu d'une forêt de dattiers ; c'est la plus riche en palmiers, de toutes les oasis du Sahara, puisqu'il y a plus de cinq cent mille de ces arbres de recensés.

Cette ville a eu une très grande renommée. Léon

l'Africain nous parle du luxe de ses sultans, des richesses de ses habitants, de l'importance de son commerce. Ouargla, aujourd'hui, est bien déchue de son antique splendeur; cette ville conserve cependant une physionomie qu'on ne saurait oublier. Sa population vous frappe tout d'abord, l'on n'y voit presque que des nègres, et ils se présentent ainsi qu'on se les imagine au cœur de la Négritie, à peine vêtus, la tête nue ou couverte d'un méchant bonnet, et les cheveux bizarement rasés ; des enfants, presque nus, grouillent partout et ont la figure barbouillée d'ocre ou de chaux.

Un fossé d'eau stagnante entoure presque complétement la muraille de terre sèche et flanquée de grandes tours carrées qui forme la défense d'Ouargla. A l'intérieur, les rues sont étroites, les maisons basses et petites ; au centre de la ville se trouve un grand marché carré, entouré de galeries en arcades, munies de banquettes maçonnées et de petites boutiques; au Sud-Ouest, la casbah, ancien palais des sultans; il tombait en ruines, et a été relevé par les soins de l'agha actuel, qui a fait construire tout autour un mur crénelé aux angles bastionnés, surmonté d'une logette en forme de minaret, et qui sert de poste d'observation. Tout un quartier au sud de la ville, celui des Beni-Sissin, a été démoli, en 1871, par les ordres du général Lacroix : il était habité par des rebelles. Les deux autres quartiers des Beni-Ouagguin et des Beni-Brahin sont en assez bon état.

Outre les habitants de sang noir, Ouargla a une population blanche, ce sont des Chaamba et des

Beni-Mzab ; mais les uns et les autres quittent la ville pendant la saison chaude ; l'agha et ses spahis sont obligés de se retirer à *Bab-Mendil* (la porte du mouchoir), où Sidi-Mohamed a fait bâtir, à cinq kilomètres au nord-ouest de la ville, un vaste *bordj* (château fort) sur un mamelon.

Ici se constate la grande loi physique du Sahara. Ouargla est situé dans une dépression; les hommes ayant du sang noir peuvent seuls y vivre et se reproduire. L'histoire nous apprend que bien souvent cette oasis fut conquise et envahie par des populations blanches ; toutes ont disparu devant ce climat meurtrier.

Il est certain, par exemple, que les Beni-Mzab, qui ont ici des biens considérables, qui possèdent des magasins, des maisons et un grand nombre de jardins, ainsi qu'une vaste mosquée dotée d'un Habous très-important, ne quitteraient point chaque année, pendant plusieurs mois, un pays où leur présence est réclamée par tant d'intérêts, s'ils ne savaient, par expérience, que les blancs ne peuvent en aucune manière y vivre pendant certaines saisons.

Ouargla était, il y a un siècle, un centre commercial important, possédant de nombreux comptoirs qui trafiquaient d'une façon permanente avec Aguedes et le Soudan. C'était alors une ville renfermant une population de plus de cent mille âmes.

La dérivation du courant commercial, conséquence des divisions et des luttes, entre les diverses fractions des gens d'Ouargla, des Touareg et d'Aguedes, avec leurs souverains, amena rapidement la décadence et la ruine, où florissait autrefois un commerce puissant et riche.

Aguedes et Ouargla, tout en conservant jusqu'à une époque peu éloignée de nous leurs coutumes et leurs sultans, finirent par perdre toute l'importance qu'elles avaient jadis. Ces deux centres se sont dépeuplés. Aujourd'hui la population d'Ouargla ne dépasse pas quatre ou cinq mille âmes.

Le commerce de l'Oasis se borne à la vente de quelques tissus de fabrication locale, et des produits qui viennent de l'Europe, tels que cotonnades, cafés, sucre, etc. Ils arrivent dans l'oasis par le Mzab, où les habitants d'Ouargla vont vendre des dattes et de la Trounia.

La *trounia* est une sorte de carbonate de soude obtenu par l'incinération et le lavage d'une salsolanée, nommée en arabe *bulbul*, et qui couvre des surfaces considérables dans le Sahara. Les habitants de la petite ville nègre de Négouça, au Nord d'Ourrgla, se livrent sur une vaste échelle à la fabrication de la trounia.

Le principal produit de l'oasis est le palmier. Non-seulement les habitants se nourissent eux et leurs chevaux avec son fruit, mais les dattes, de très-belle qualité ici, font l'objet d'un négoce régulier et considérable. Le palmier produit également le bois nécessaire aux constructions et les planches qui servent à cloisonner les puits. De plus, avec la fibre des palmes, les habitants, qui, comme tous les nègres, paraissent doués d'une aptitude toute spéciale pour les travaux de vannerie, confectionnent divers objets, dont plusieurs, tels que les grands chapeaux nommés *medal* (qui ombrage), sont importés dans tout l'intérieur de l'Afrique, et même recherchés dans les villes du littoral.

Nul doute que l'industrie européenne, qui utilise déjà les palmes pour la fabrication de certains chapeaux (imitation Panama), ne retirât de nombreux produits du palmier. Il peut être teillé de telle façon que sa fibre donne une filasse apte au tissage. Dans les oasis de l'ancienne Égypte, on fabriquait avec ce fil, des étoffes grossières ; c'était une des occupations des anachorètes de la Thébaïde, qui faisaient de ces tissus leurs vêtements ; ils devaient avoir une grande solidité. Saint Antoine portait, à Pâques et à la Pentecôte, la tunique de feuilles de palmier que lui avait léguée saint Paul, premier ermite ; et saint Athanase se parait, dans les mêmes occasions, du manteau également en feuilles de palmier, que saint Antoine lui avait laissé.

Si les sédentaires sont ici bien partagés, ayant en abondance dans leurs jardins ces palmiers, autour desquels pivote toute la vie des oasis, les nomades possèdent eux cet animal providentiel, qui « seul pourrait subvenir à tous les besoins de
« ses maîtres. Son lait nourrit la famille arabe ;
« sous les diverses formes de lait, de caillé, de fro-
« mage et de beurre ; souvent même on mange sa
« chair. On fait des chaussures et des harnais de sa
« peau, des vêtements et des tentes de son poil. On
« transporte, par son moyen, de lourds fardeaux ;
« enfin, lorsque la terre refuse le fourrage au che-
« val, si précieux au Bédouin, le chameau sub-
« vient par son lait à la disette, sans qu'il en coûte

« autre chose que quelques tiges de ronces ou d'ab-
« sinthes, et des noyaux de dattes pilés. Telle est
« l'importance du chameau pour le désert que si
« on l'en retirait, on en soutirerait toute la po-
« pulation dont il est l'unique pivot.

« Je connais quatre espèces distinctes de cha-
« meaux : la première est proprement le chameau
« arabe, porteur de fardeaux, n'ayant qu'une bosse
« et très-peu de poil sur le corps.

« La deuxième est le chameau *coureur*, appelé
« *hedjine*, au Caire, plus svelte dans toutes ses for-
« mes, n'ayant qu'une bosse ; c'est le véritable
« *dromadaire* des Grecs. Nous en avons maintenant
« deux à Paris, que l'on a vus aux fêtes du Champ
« de Mars. Ces deux espèces sont répandues depuis
« le Maroc jusqu'en Perse.

« La troisième espèce est le *chameau turkman*,
« répandu d'Alep à Constantinople et au nord de
« la Perse. Il n'a qu'une bosse ; il est moins haut
« que le chameau arabe ; il a les jambes plus cour-
« tes, plus grosses, le corps plus trapu et infiniment
« mieux couvert de poil. Celui du cou pend jus-
« qu'à terre et est généralement brun.

« La quatrième est le chameau *tartare* ou *bac-
« trien*, répandu dans toute la Chine et la Tartarie
« Celui-là a deux bosses. L'on ne voit que de
« ceux-là à Pékin ; tandis qu'ils sont si rares dans
« la basse Asie, que je citerais une foule de voya-
« geurs, même arabes, qui, comme moi, n'y en
« ont jamais vu aucun. » **Volney**.

Les Chaamba d'Ouargla ont de nombreux troupeaux de chameaux à une bosse. Ils nomment cet
animal *djemel*, c'est-à-dire la richesse du ciel. Ils

en ont deux variétés également renommées : l'une est utilisée pour les transports, l'autre, connue sous le nom de *mehara* (au sing. *mehari*), analogue au *hedjenie* de l'Égypte, sert exclusivement comme animal de selle.

Les mehara, sont aux chameaux ordinaires ce qu'un pur sang de course anglais est à un carrossier allemand. Il a été débité sur les mehara un grand nombre de fables ; l'une a eu pour origine l'usage où l'on est de donner, lorsqu'on achète un mehari, un certain nombre de chameaux d'espèce ordinaire, et même, lorsqu'on le paie en argent, de l'évaluer par la quantité de chameaux que son prix représente. L'on croit généralement qu'un mehari de six, huit, ou dix chameaux, est un animal pouvant effectuer dans un seul jour une course représentant six, huit, ou dix journées de caravanes. Il n'en est rien : peu de mehara, parmi les meilleurs, font plus de cent kilomètres en une seule course ; trajet qui est facilement fait par la plupart des chevaux ou des mulets africains. Aucun mehari n'a une vitesse égale à celle du cheval.

Ce qui fait la supériorité des mehara sur les chevaux, c'est qu'ils peuvent porter un poids bien plus considérable, rester plusieurs jours sans boire et sans manger autre chose que les herbes ou les ronces qu'ils trouvent partout dans le Sahara.

Si je réduis ainsi la réputation de cet honnête animal, je suis loin, cependant, de méconnaître les services réels qu'il rend chaque jour. Je regrette surtout que les Européens de l'Algérie n'aient encore utilisé aucune des deux espèces de chameaux du Sahara.

Une des plus grandes choses que la France ait à faire en Afrique, c'est de fertiliser le Sahara. Il peut, presque partout, être transformé en oasis, et, sauf de rares exceptions, son climat est sain pour l'homme de race blanche. Cette contrée contient des millions d'hectares de terrains cultivables et habitables, incultes et déserts !

Or, le grand auxiliaire de la conquête de ce sol serait le chameau. Il peut être employé, on l'ignore généralement, aussi bien comme animal de trait que comme animal de bât, utilisé pour les charrois et pour les labourages.

Comme les autres Chaamba, ceux d'Ouargla possèdent des chèvres, des moutons et des ânes. Mais ils n'ont que très-peu de chevaux.

Jeudi 12 février. — Je quitte Ouargla à deux heures du soir. L'agha, qui a rempli nos besaces d'excellentes provisions de route et y a même fait mettre des cigares pour moi, a la bonté de monter à cheval, et vient, avec quelques cavaliers, m'escorter jusqu'à l'entrée des dunes ; là, je le remercie de sa cordiale hospitalité. Je suis heureux de pouvoir ici donner à l'Agha Sidi-Mohamed-Ben, Hadj Driss, un témoignage public du souvenir agréable que j'ai conservé de lui et de tous les siens.

Toute cette journée se passe en route, ainsi que celle du **Vendredi 13 février.**

Samedi 14 février. — A huit heures du matin, j'arrive à Metlili. J'entre inopinément dans ma maison, et j'y trouve Mohamed pérorant au milieu de nombreux bédouins, qui, assis en rond, l'écoutent tout en buvant mon café. Je mets vivement tout ce monde à la porte, à l'exception d'un chériff du Tafilalet, qui m'a demandé de faire partie de ma caravane et qui depuis vit chez moi. Mohamed a beau me dire que c'est pour me faire honneur, qu'il a réuni tous ces hommes, que la générosité est l'ornement des gens bien nés, que le *rajel tam* (l'homme nourriture, qui fait manger) est encore supérieur au *rajel baroud*, l'homme de poudre, etc. Je ne lui en lave pas moins la tête de la bonne façon; quand mon ire fut apaisée, je revins au chériff dont la société me plaît beaucoup.

Sidi-Mouley Mohamed, tel est le nom de mon chériff, est un tout petit homme, à la barbe rare, la tête nue, ceinte seulement d'un long turban de coton blanc, régulièrement enlacé; il est vêtu de plusieurs larges blouses de coton bleu, et il porte constamment plusieurs petites bourses de cuir en sautoir. Elles contiennent des drogues et divers instruments de chirurgie ; ce chériff est médecin de profession et natif d'Ouazzan.

L'on rencontre dans tout le Sahara des médecins errants comme mon ami ; ils vont de douar en douar, d'oasis en oasis, exercer leur art. Leurs confrères d'Europe s'en moqueraient et les appelleraient charlatans. Ces empiriques ont du bon cependant : l'on pourrait citer des cas où ils ont réussi dans les villes du littoral auprès de malades abandonnés par des docteurs brevetés des facultés de l'Europe; témoin entre autres le fait suivant :

Il y a quelques années, un docteur français, résidant dans une ville du Tell, est appelé pour remédier à un renversement de matrice, il ne peut y obvier malgré toutes les ressources de la thérapeutique européenne. Un guérisseur comme Mouley-Mohamed est mandé : il fait suspendre la malade par les pieds, la tête en bas, et l'organe se replace naturellement.

Je n'ai jamais vu mon chériff pendre personne, mais je lui ai vu opérer la cataracte très-habilement ; il le faisait par la méthode dite d'abaissement : c'était surtout sa spécialité, car ce chériff est avant tout un médecin oculiste. Il a une poudre végétale qui est d'un excellent effet, même dans les ophthalmie purulentes.

Pour les yeux, le remède par excellence, celui qui est un préservatif souverain de toutes les affections occasionnées par la chaleur, la réverbération du soleil, la poussière, etc., c'est le *keulh*, sulfure d'antimoine réduit en poudre mêlé à différents ingrédients inoffensifs, tels que : musc et chauves-souris brûlées, etc. L'on se sert de petits stiles en bois d'ébène, en ivoire, ou simplement d'un piquant de porc épic, pour se mettre le keulh autour des paupières. J'en ai toujours fait usage pour moi-même dans tous mes voyages sahariens et je n'ai jamais eu la moindre affection aux yeux.

En dehors de sa spécialité d'oculiste, Mouley-Mohamed est très-expert comme médecin et chirurgien, arabe, bien entendu.

Les maladies des Sahariens sont peu nombreuses. Je crois, puisque je viens de parler de médecine, qu'il ne serait point inutile d'en faire ici une courte énumération, et d'indiquer les méthodes curatives qui sont en usage dans ces contrées.

D'abord, la syphilis sous toutes ses formes. Elle est combattue par la salseparoille et souvent par des exsudations prolongées, qui sont excitées par la graisse d'autruche administrée bouillante en boisson.

Les fièvres intermittentes. On donne, pour cette maladie, de la chair desséchée de serpents, réduite en poudre impalpable.

Les rhumatismes. Ils sont traités par la cautérisation transcurrente, qui est un remède énergique et souverain; l'on emploie aussi dans ces affections et avec succès des exsudations produites par la graisse d'autruche prise en boisson et des frictions faites avec la même graisse, toujours très-chaude.

Pour les pleurésies et les affections analogues, on place des ventouses, l'on se sert pour les faire d'une corne de chèvre.

Les transports au cerveau, les méningites et toutes les maladies qui débutent par des douleurs de tête sont traitées par des saignées au front.

Pour les embarras gastriques, ils ordonnent des vomitifs, le séné principalement.

La petite vérole est combattue, dans le Sahara, depuis un temps immémorial par l'inoculation: les populations d'origine berbère seules la pratiquent, les autres la repoussent au nom de la religion.

Les foulures et les luxations sont entourées d'une pâte formée avec des feuilles de henné bouillies (*Lawsonia inermis* Linn), maintenues autour de la partie malade par des bandes.

Les maladies propres aux femmes sont combattues, ainsi que j'ai déjà eu l'occasion de le dire, par le chilh, armoise (*artemisia alba*). Les Bédouines ont des couches peu laborieuses et elles se délivrent avec la plus grande facilité. Il arrive souvent, quand une tribu est en marche, que les maux, activés par l'allure du chameau, prennent la femme dans le bassour où elle est juchée ; on ne s'arrête point pour cela ; seulement si c'est une femme de grande tente, l'on fait monter à côté d'elle une négresse pour recevoir l'enfant et lui donner les premiers soins.

Pour les blessures, on emploie le feu appliqué avec un couteau rougi ; cette scarification a des résultats souvent incroyables. On les panse souvent, ainsi que les plaies, avec du beurre frais, ou de la graisse d'autruche.

Quoique la chirurgie proprement dite ne puisse exister là où il n'y a point d'anatomie, les *djerrah* du Sahara font des opérations délicates, telle que celle de la cataracte qu'effectue avec succès Mouley Mohamed ; il y a même de ces opérateurs qui font celle de la taille avec un simple rasoir, et ils retirent les calculs avec un crochet de fer.

Les hernies, affections communes chez tous les gens qui font de longues courses à méhari, sont contenues au moyen de bandages formés de pelotes de laine.

Quelques *atobba* du désert ont des livres : ce sont surtout des traductions d'Hippocrate, qui a un très-grand renom chez tous les Orientaux.

Il est une autre sorte de médecine, qui ne saurait être passée sous silence, c'est celle des talismans. Un grand nombre de marabouts et de tolba écrivent des versets du Coran sur de petits bouts de papier ou de parchemin et les vendent à leurs clients, qui les cousent dans des sachets de cuir et les portent pendus au cou, attachés à la tête. etc.

Il y a des talismans pour toutes sortes de maladies ; il s'en trouve aussi qui préservent des dangers de la guerre, vous aident à faire fortune et font trouver des trésors cachés ; certains Sahariens, surtout les Touareg, en sont couverts, aussi bien que leurs armes et leurs animaux.

Il se vend dans le Goura des recueils contenant tous les versets du Coran qui peuvent servir à confectionner des amulettes. Mamar le fils d'Ahmed a un de ces livres ; il le porte constamment sur lui ; il s'y trouve, outre les passages du livre saint, toutes sortes de figures cabalistiques, même l'empreinte du sceau de Salomon ! ! !

La plupart des Mogrebins qui, en Égypte et dans tout le levant, ont la réputation d'habiles sorciers, sont, comme mon Chériff, médecins du Touat. Ils ont certaines pratiques bien propres du reste à étonner des gens peu instruits ; ils obtiennent, par exemple, la catalepsie artificielle, tantôt en faisant fixer une bouteille de verre blanc, remplie d'eau, derrière laquelle brûle une bougie ; d'autrefois ils décrivent sur la paume de la main un cercle noir, au milieu duquel se trouve un point également noir qu'ils font fixer.

Dimanche 15 février. — Journée passée tout entière à faire mes derniers préparatifs de départ, à écrire à la Chambre de Commerce d'Alger et à mettre à jour mes notes de voyages.

Lundi 16 février. — Toute la matinée ma maison ne désemplit pas de gens qui viennent me faire des visites d'adieu, et c'est avec peine que je puis prendre le temps d'écrire à ma mère et à mes amis, à qui je veux envoyer un dernier souvenir, avant de m'enfoncer définitivement dans le désert.

Le caïd Sliman m'a procuré un *reggab* de *reggueb* (explorer du regard ; — explorateur, courrier) pour porter mon courrier à Laghouat, car ici, lorsque l'on a des lettres à envoyer ou tout autre course pressée et longue, c'est un piéton et non un cavalier qui en est chargé; il est bien connu dans le Sahara que l'homme peut faire des marches plus rapides et plus considérables qu'aucun cheval. Les regab du Sahara exécutent chaque jour des tours de force en ce genre des plus étonnants : il est incontestable qu'ils peuvent faire cinquante lieues (200 kilomètres) en vingt-quatre heures (1).

Mon courrier mettra deux jours pour se rendre à Laghouat, il m'affirme avoir fait souvent ce trajet en moins de trente heures.

Les reggab, pour exécuter ces grandes courses, n'emportent avec eux qu'un peu de rouina dans les roseaux de leur ceinture ; ces roseaux, qui ser-

---

(1) En 1845, Ben-Saïdane, de la tribu des Oulad-Saad-Ben-Salem, fut de El-Haod, à six lieues S. O. de Djelfa, à Tgdempt en vingt-six heures, distance parcourue cinquante-quatre lieues.

En 1848, Maarouf-Ben-Sliman-des-Laarba fut de Guerrara à Ksar-El-Hirane en dix-neuf heures, distance quarante-six lieues.

En 1846, El-Touhami de Laghouat, fut de Laghouat à Beriane en quatorze heures, distance trente-deux lieues.

Les trois faits précédents sont rapportés avec beaucoup d'autres par le général A. **Marguerite**. J'ai moi-même noté un très-grand nombre de ces exemples.

vent d'habitude à mettre des cartouches, n'ont qu'une très-petite capacité. Les reggabs ont aussi une petite outre *chibouta* attachée à leur cou, pour armes leur couteau à raser (*mouss*) et un court bâton. Ils le passent derrière le dos, ils y placent les bras à la hauteur de la saignée, et, prenant ainsi un point d'appui, posent leurs deux mains ouvertes sur la poitrine qu'ils contiennent avec force, et marchent très rapidement le corps courbé en avant.

Vers une heure de l'après-midi, les chameaux qui doivent transporter mes bagages sont amenés devant chez moi ; on commence à les charger, mais avec tant de lenteur que le départ définitif a lieu à trois heures seulement.

Hier au soir, Mohamed-Ben-Youssef-Bafou est venu me demander à me suivre *sans rétribution* ; il s'offre de me servir de *Krodja* (secrétaire arabe). J'accepte, et il fera dorénavant en cette qualité parti de ma troupe.

Abd-el-Kader, le frère d'Ahmed, veut bien pour mon voyage mettre gracieusement à ma disposition un excellent méhari de robe fauve, originaire du Djedl Hoggar; il est harnaché à la mode targuia. L'on conduit l'animal au moyen d'un cavesson et d'un anneau de fer, qu'il porte rivé dans sa narine droite ; la longe du cavecon et celle de l'anneau se croisent sur le cou de l'animal, et forment des rênes qui servent à le diriger, comme l'on fait d'un cheval avec la bride. Les Chaamba se contentent généralement de passer une ganse de laine dans la narine droite de leurs méhara et d'y attacher un simple cordon également en laine.

Les selles dont on se sert pour monter sur les dromadaires sont de deux sortes, l'une appelée *erri*, l'autre appelée *ralla*, la première est plus commode, elle est même rembourrée; elles ont l'une et l'autre la même forme : elles se composent d'un siége concave semblable a une assiette, à l'arrière duquel se trouve un large et haut troussequin découpé en forme de losange, sur le devant un long pommeau également en forme de losange. Ces selles ont des housses de maroquin rouge, sur lesquelles l'on dessine au moyen d'un fer chaud des croix noires comme ornement. Mon méhari a une simple ralla.

A trois heures tout est prêt ; le caïd Sliman et quelques cavaliers viennent m'accompagner jusqu'après les jardins. Molay-Ali et le taleb Mohamed des Oulad Sidi-Cheikh, se joignent à nous ; ces deux derniers viennent jusqu'à Sebseb.

En quittant Metlili, je traverse une vallée remplie de dattiers ; j'entre ensuite dans l'oued Metlili, qui a ici des berges presque à pics, je prends un ravin, nommé Chaabet-Sidi-Cheikh et je quitte l'oued. Je fais quelques pas dans ce ravin, et je trouve un oratoire ou moçalla blanchi à la chaux, qui a appartenu au saint ancêtre des Oulad-Sidi-Cheikh. Plus loin on rencontre un marabout dédié à Sidi-Hadj-Eddin, saint de la même famille ; je passe aussi devant un autre moquam érigé en l'honneur d'une station que fit en cet endroit Sidi-El-Hadj-Bahous des Oulad Sidi-Cheikh, et au sud de ce dernier, je monte sur le plateau qui sépare Chaabet Sidi-Cheikh d'un large oued appelé Sebseb, et où je passe la nuit près d'une maison nommée *Dar-*

Beïda-meta-Sebseb (maison blanche du milieu de Sebseb), construction qui est entourée de puits, de vergers, de palmiers et de champs d'orge, appartenant à des Chaamba de Metlili. Ils entretiennent constamment à Dar-Beïda, pour les garder et les cultiver, des hommes qui habitent sous des tentes et dans des gourbis.

Mardi 17 février. — Il est huit heures du matin lorsque je quitte le Cheriff Molay-Ali et le taleb Mohamed qui, eux, retournent à Metlili ; c'est avec un véritable regret que je me sépare du premier ; nous nous faisons l'un et l'autre des adieux émus : ils sont bien sincères de mon côté.

En quittant Dar-Beïda, je suis pendant quelques temps le lit de l'oued Sebseb qui est rempli d'une riche végétation ; je monte ensuite sur un plateau aride ; ces plateaux, qui séparent entre eux les vallées et les oued, ont reçu le nom générique d'*El-Kantara* (pont). En descendant de ce plateau je trouve le moquam appelé Oulad Ameur-ben-Moussa et j'entre dans une large vallée formée par l'*oued Touil* (la longue rivière) ; c'est dans cet oued que se trouvent les tentes de Cheikh Ahmed. J'y arrive à deux heures du soir.

Le douar de Cheikh Ahmed est situé près de la Kouba de Sidi-Mohamed-ben-el-Mostefa ; il est composé de cinq grandes tentes noires entourées d'une trentaine d'autres de diverses dimensions ; comme tous les douar, il est établi dans un pli de terrain pour être caché. Une enceinte formée d'épines l'entoure ; elle sert de parc pour les bestiaux.

Le Cheikh demeure ici avec ses deux frères et son fils Mamar. Quatre des grandes tentes leur appartiennent : celles devant lesquelles se trouvent des chevaux entravés ; les autres sont habitées par les serviteurs et les clients. La tente du milieu, celle qui forme le centre du douar, est beaucoup plus grande et plus belle que toutes les autres, c'est la tente commune ; elle sert à la réception des hôtes.

L'existence du Cheikh Ahmed-ben-Ahmed peut être prise comme type de celle des Châamba riches et indépendants ; rien n'est plus patriarchal, plus simple, plus grand, plus poëtique qu'une pareille vie : entouré de tout ce qui lui est cher, de ses enfants, de ses frères, avec ses femmes, ses nègres, ses serviteurs, ses clients, chef de tout ce monde qui courbe la tête devant son autorité paternelle ; ils lui donnent tous le même titre, l'appelant chacun *Sidi* (mon Seigneur). Ainsi le veut l'usage arabe, qui n'a qu'un mot pour exprimer l'autorité du maître, du souverain, du frère aîné, du patron, du père, du mari ; lui les appelle tous indistinctement *ouldi* (mon enfant). Ahmed erre, suivant son plaisir, dans de vastes solitudes dont il est le roi incontesté. Ce pays est le sien ; il porte à ses cantons les plus arides le même amour qu'un paysan normand a pour ses vertes campagnes.

Les nomades tiennent du paysan dans leur manière de considérer la nature : l'un n'y voit que des terres à ensemencer et des côteaux à cultiver ; l'autre n'y voit que des pâturages. Aussi une contrée qui peut, comme le Sahara, entre Mellili et El-Golea, fournir toute l'année de gras herbages, paraît aux nomades le plus beau pays du monde.

Le Cheikh passe doucement son existence : tantôt couché devant ses tentes, il regarde ses troupeaux qui paissent; tantôt il se livre à des parties de chasse interminables, à l'antilope ou à l'autruche; avec ces délassements virils, il a pour employer son temps les voyages qu'il fait en caravane et les razzia opérées sur les ennemis.

La tente est loin d'avoir toutes les privations que l'on s'imagine; cependant la diète des Châamba paraîtrait bien dure à la plupart de nos estomacs européens ; ils se nourrissent presque exclusivement de dattes et de lait ; à certain moment de l'année, le lait fait leur unique nourriture et les chevaux eux-mêmes n'en reçoivent point d'autres ; des douars entiers passent souvent le mois de mars, d'avril et de mai sans qu'une goutte d'eau entre dans les tentes ; le lait la remplace pour tout, même pour se laver ? me dira ma lectrice, si je suis assez favorisé du ciel pour en avoir une. Mais sans la laisser penser à la souplesse que pareilles ablutions doivent procurer à la peau, j'aime mieux lui dire, tout de suite, que les Châamba ne se lavent jamais, sous aucun prétexte, ni avec de l'eau ni avec du lait.

Toute agréable et toute pittoresque que puisse être la vie nomade elle ne pourra jamais être alliée au progrès. Le pasteur, tout en représentant un état de civilisation bien plus avancée que le chasseur, me paraît destiné comme lui à disparaître au contact de la civilisation.

La vie civilisée ne peut réellement se former que lorsque l'homme a une demeure fixe et cultive le sol, qui, savamment assolé, donne beaucoup plus, travaillé par une seule famille, que ce qui est nécessaire pour la nourriture de cette famille, et laisse un grand nombre de citoyens libres du travail de la terre. Ils peuvent alors s'occuper des utiles travaux de l'industrie et se livrer aux beaux-arts et aux autres spéculations de l'esprit.

Chez les nomades, rien de tout cela n'est possible : il leur faut de grands espaces incultes pour nourrir leur troupeaux; tous les hommes d'une tribu sont occupés à les garder ou à les défendre ; ils ont besoin du désert, et lorsqu'ils pénètrent par la conquête dans des contrées peuplées, cultivées, civilisées, le désert et la barbarie ne tardent pas à s'étendre autour d'eux ; l'histoire de l'invasion des arabes en Afrique est là pour le prouver.

Je reviens maintenant au Cheikh Ahmed-ben-Ahmed. Il me reçoit à bras ouverts, il a fait dresser une tente pour moi seul à côté de son camp ; c'est de là que je dois partir, après demain, pour In-Çalah.

Le Cheikh Ahmed paraît tout heureux de me recevoir chez lui ; à chaque instant, il vient à ma tente, m'apportant une friandise ou une autre : tantôt des dattes, tantôt du lait, des galettes, etc.; le soir, après le dîner, je fais allumer un grand feu, et, couché sur mon tapis, j'écoute les chansons d'un vieux marabout des oulad Sidi-Cheikh, que le Cheikh entretient par charité et je contemple le ciel qui, suivant l'expression biblique, forme un pavillon étincellant.

Les belles nuits du Sahara ne sont comparables à aucune autre : l'atmosphère y est d'une pureté non pareille, l'air n'est agité par aucun souffle et l'on voit la flamme des feux monter en droite colonne vers les cieux. Les étoiles brillent et scintillent chacune d'une lumière spéciale et elles se détachent sur l'azur transparent en feux violet, rouge, blanc, jaune orange, etc.; chacun de ces soleils se voit avec sa lumière diversement colorée. Un spectacle pareil a des charmes puissants, l'on ne s'y arrache qu'à regret et l'on ne saurait l'oublier.

Mercredi 18 février. — Dans la matinée, le Cheikh me présente les hommes qu'il a choisis pour m'accompagner; nous examinons aussi les chameaux, leurs harnais et nous constatons que tout est bien en ordre.

Dans l'après-midi, je vais me promener dans les environs du camp, et le soir les gens du douar m'offrent un mouton rôti comme diffa. Cette fête de famille, qui avait réuni tout le monde autour de ma tente, se prolonge bien avant dans la nuit.

Jeudi 19 février. — Aujourd'hui commence enfin pour moi un vrai voyage de découverte ; je me trouve dans des contrées à peine connues et je vais en traverser **dont le sol n'a jamais été foulé par un pied européen** (*d'El-Goléa à In-Çalah*).

A six heures trente du matin, je quitte, avec ma caravane, les tentes hospitalières du Cheikh ; mon convoi est composé du Cheikh et de ses deux frères, Moussa et Ab-del-kader; ils sont tous les trois montés sur des chevaux; j'ai pour mon usage personnel, outre le mehari, un chameau porteur d'un *bassour* (lit de repos) découvert ; huit chameaux sont chargés de mes provisions de bouches, marchandises et bagages. Mes deux domestiques et Bafou le secrétaire montent sur les chameaux de charge.

Le Cheikh Ahmed est accompagné d'un serviteur du nom de Kaddour ; c'est un homme de confiance, quelque chose d'analogue aux écuyers des chevaliers du moyen-âge; il suit constamment le Cheikh dans tous ses voyages et dans toutes ses expéditions. Nous avons quatorze hommes d'escorte, armés de fusils et de bâtons; deux bergers pour les chameaux, et, suivant une coutume propre aux Châamba, Moussa amène avec lui son jeune fils, garçon d'une dizaine d'années seulement, afin, dit-il, de lui faire connaître la route et de l'habituer aux voyages ; le chériff Mouley-Mohamed, mon ami le médecin, est aussi avec nous ; nous sommes ainsi en tout vingt-six personnes, dix chameaux et trois chevaux.

Mamar vient m'accompagner jusqu'au puits de Sidi-Abd-el-kader-ben-Embarek, où il nous dit *au revoir* ; ce puits qui se trouve au milieu de l'oued Machaggem est très-abondant en eau. Je fais mes adieux au fils d'Ahmed et je continue ma route dans la direction générale Est S. O.; elle coupe une série d'oued dont le cours est orienté N. O. à N. S. E. Tous ces oued sont remplis d'abondants pâturages ; partout la couche aquifère est très-près du sol ; ils sont séparés entre eux par des plateaux de roches calcaires. J'ai à traverser ainsi quatre de ces oued, nommés : Machagguem, Eddoumerane, Adjdria, Boumegloufla. J'en rencontre ensuite deux autres plus petits, sortes de ravins désignés dans le Sahara sous le nom de Châabet, et ils s'appellent : Essala, Eddariata.

À trois heures et quart de l'après-midi, j'arrive à l'oued El-Botma ; il s'y trouve un puits situé auprès d'un moquam de Sidi-El-Hadj-Aboufas, où je m'arrête.

Les chameaux chargés doivent faire une marche normale de quatre kilomètres à l'heure, malgré leurs longues jambes, car ils vont doucement et broutent çà et là les herbes qu'ils rencontrent ; aussi une journée de caravane varie-t-elle en moyenne entre un minimum de vingt-cinq kilomètres et un maximum de trente-cinq ou quarante kilomètres au plus. J'ai été aujourd'hui huit heures trois quarts en route ; le repas du matin a pris trois quarts d'heure environ ; j'ai donc marché huit heures et dû parcourir une distance de trente-deux kilomètres.

Une fois les chameaux déchargés, j'établis mon camp suivant un ordre déterminé ; je le ferai observer pendant tout le voyage. Je place au centre les bagages, je divise ensuite tout mon monde en quatre groupes : le premier, mes deux domestiques et moi ; le second se place à ma droite un peu en arrière, il comprend le Cheikh Ahmed, Bafou et le fidèle Kaddour ; le troisième, celui de gauche, est composé des frères et du neveu du Cheikh ; le quatrième est celui des hommes d'escorte et des bergers. Je les installe en face de moi, de l'autre côté des bagages, au milieu desquels couche le chériff, et autour desquels on fait ranger le soir les chameaux après leur avoir lié les pieds de devant au-dessus du genoux. Les chevaux sont placés devant les groupes d'Ahmed et de ses frères.

Mon installation personnelle est des plus simples: un tapis sur le sol; au-dessus du tapis, une couverture, sur laquelle je me couche et sous laquelle je place mes armes, consistant en un fusil double, une paire de revolvers, une paire de pistolets d'arçon et une épée ; je les tiens ainsi à l'abri de l'humidité et toujours près de la main ; j'ai armé Mohamed et Djelali d'un fusil double et d'un revolver. Puisque j'ai parlé de mes armes, j'indiquerai celles en qui j'ai la plus grande confiance ce sont mes pistolets d'arçon ; je les ai choisis du plus gros calibre que j'ai pu trouver et je les charge chacun d'une douzaine de plombs à loup moulés ; une telle arme tirée sur un groupe d'hommes en mettrait certainement plusieurs à la fois hors de combat.

A peine arrivé, je fais préparer du café et organiser le foyer de la cuisine; après avoir pris mon café, je vais, accompagné de Djelali, explorer les environs, faire des observations météorologiques, recueillir des plantes, des pierres ou des insectes pour mes collections, et je reste ainsi à courir la campagne jusqu'au moment où le soleil se couchant m'annonce qu'il est temps de songer au repas du soir et au repos.

Le souper est toujours composé de couscous auquel nous joignons, quand le hasard nous le permet, de la viande ; il est le même pour tout le monde, seulement j'ai divisé mes gens en trois séries, mangeant les unes après les autres ; la raison en est dans la faible quantité d'ustensiles de ménage dont je me suis embarrassé; je n'ai qu'une marmite, et le même plat à couscous sert pour tous. Le repas se termine par du café, ensuite j'écris mon journal et m'étends sur ma couverture, où je passe la nuit.

Il m'est arrivé souvent de me lever pendant la nuit, de quitter le camp et de m'aventurer seul au milieu de la campagne; j'éprouve alors une sensation d'une acuité considérable et que je ne pourrais définir qu'en disant que j'écoute le silence; il est, dans le désert, plus profond et plus complet qu'on ne saurait se l'imaginer : aucun bruit, si imperceptible qu'il soit, ne le trouble.

Vendredi 20 février. — Au réveil, à quatre heures du matin, nos burnous sont couverts de gouttelettes de rosée ; la nuit a été des plus fraîches. Je fais préparer le café ; une fois pris, j'ordonne qu'on charge les chameaux et je pars seul à pied en avant ; je fais ainsi quatre ou cinq kilomètres. Je m'assieds alors et je me repose en attendant ma caravane, qui marche toujours dans le même ordre : en tête mon mehari suivi du chameau porteur du bassour, ensuite les chameaux de charges et leurs conducteurs, enfin l'escorte. Ahmed et ses frères, montés sur leur chevaux, se trouvent tantôt à l'avant, tantôt à l'arrière du convoi, dont ils surveillent la marche. Une fois qu'ils m'ont rejoint, je monte sur mon mehari et j'y reste jusqu'au moment du déjeuner, composé uniquement de dattes ou de rouina. Après ce frugal repas, qui a lieu entre onze heures et midi, je m'installe dans le bassour et je fais la sieste jusqu'à notre arrivée au camp ; cette manière de voyager fait que je ne suis pas plus fatigué au moment où je m'arrête que si je descendais d'un wagon de première classe des mieux établis.

Je quitte mon bivouac de Botma à cinq heures du matin, je traverse d'abord l'oued *El-Hamis* (viande hachée), séparé par un plateau de l'oud *El-Fehal* (flageolet) ; là le pays commence à devenir montueux et la route se dirige vers des rochers nommés *Kaf-Ehzelidj* (tête de brique); ces rochers forment une *hamada* (mot qui vient du verbe *hamada*, être privé de végétation, et sert à désigner certains plateaux pierreux complètement dénudés,) d'où l'on sort par Châabet *El-Essebaa* (du matin), à cause des grosses pierres qui s'y trouvent ; nos animaux traversent ce ravin avec la plus grande peine. Châabet-El-Essebaa est le lit d'un torrent affluent de l'oued *Atgueir* (majestueux) qui fut un grand fleuve ; c'est aujourd'hui une large vallée remplie de gras herbages ; dans cet oued se trouve un grand nombre de puits, nommés : Charef, Sâanoune, Erreghaoui, El-Moulay-el-Mazi (le maître de la chèvre), etc.; nous nous arrêtons au puits de Charref où nous arrivons à une heure et demie.

Ce puits fournit une eau de très-bonne qualité ; il a plus de vingt mètres de profondeur ; l'eau y est à douze mètres trente centimètres du sol ; sa température est de + 16, celle de l'air étant de + 17.1.

La végétation de l'oued Atgueir consiste en différentes plantes et arbustes ; voici les noms arabes des principaux :

El-quezdir, El-henma, El-quedem, El-agga-Eddoumerane, El-hada, El-azal, El-alend, El-halma, El-zabra, Echedid, Chedira-el-Deub.

Le terrain dans lequel pousse cette végétation est formé par une légère couche de terre végétale, qui n'a pas plus de quinze ou vingt centimètres d'épaissseur ; elle est recouverte d'une couche de sable qui a à peine un demi centimètre ; à droite et à gauche des falaises formées par des roches calcaires et ayant toutes à vue d'œil la même hauteur bordent le lit de l'oued ; les pentes S. E. de ces falaises sont couvertes de sable. Je le crois formé sur place par la roche elle-même, qui se désagrège sous l'influence des agents atmosphériques. Ne doit-on pas supposer que là où les pierres sont ainsi transformées en sable se trouve le point qui est le plus souvent battu par les vents et la pluie.

Suivant mon habitude, une fois le camp établi, je vais avec Djellali explorer les environs, me trouvant au haut d'un rocher, je me mets à regarder du côté de mon bivouac : je suis surpris de ne point y reconnaitre mes gens et de le voir envahi par une troupe d'étrangers ; à cause des bruits qui circulent dans le pays, cette vue me produit une impression désagréable, je me mets à presser le pas tout en vérifiant mes armes.

Dès que les nouveaux venus m'aperçoivent, ils s'empressent de venir à moi et de me faire les plus grandes démonstrations d'amitié et de respect, ils m'accordent même, en cette occasion, la plus grande marque d'honneur qui existe chez eux : ils s'approchent de moi l'un après l'autre, et, touchant légèrement du bout des doigts la *Kritt* (corde en poil de chameau) qui me sert de turban, ils se la baisent ensuite, et me donnent ainsi un témoignage insigne de considération à moi chrétien et français seul au milieu d'eux.

Ces gens sont au nombre de trente et ont avec eux quarante chameaux : ce sont des Chaamba, El-Mouadhi, ils viennent du Mzab où ils sont allés vendre du Henné et des négresses achetées au Gourara ; ils regagnent leur tente.

J'apprends d'un de mes bergers que mes hommes sont partis pour chasser des moufflons aperçus dans les environs ; peu d'instants après le coucher du soleil, mes chasseurs rentrent ayant fait buisson creux.

Le soir en causant auprès de mon feu, j'apprends que l'oued Atguir avait été habité il y a longtemps par les Amiancs El-Ghnerabin ; « alors cet oued « contenait plus de cent-vingt puits, disparus par « la suite des temps et *la volonté de Dieu*, me disent « mes interlocuteurs. »

Samedi 21 février. — A six heures du matin, je me remets en route, laissant derrière moi la caravane des Chaamba El-Mouadhi ; je sors de l'oued par Chaabet El-*Djemel* (chameau) ; je passe auprès d'un moquam de Sidi-El-Hadj-Aboùhafs ; j'ai déjà rencontré le 19 un moquam portant le même nom, ces monuments étant destinés à perpétuer la mémoire soit d'un miracle, soit du séjour d'un Saint vénéré ; il s'en rencontre naturellement plusieurs dans le Sahara, qui ont la même dénomination.

Chaâbet-El-Djemel me mène à l'oued *Bou-Ali* (le père d'Ali), lequel se dirige dans cet endroit vers le S. E. ; je traverse quelques petites collines calcaires, et je me trouve dans l'oued Saadane, qu'une hamada sépare de l'oued *Djedid* (nouveau) ; il est trois heures un quart, lorsqu'on commence à décharger mes chameaux auprès d'un puits situé à côté d'un marabout élevé à la mémoire de Sidi-Ahmed-ben-Hamouda.

Un peu avant d'arriver à ce puits, nous voyons des moutons paissant sous la garde de deux bergers ; j'exprime au Cheikh le désir d'en acheter un : il dit à ses frères que nous voulons un mouton, ceux-ci enlèvent leurs chevaux au galop, fondent sur le troupeau, et, Abdel-Kader, le plus jeune, qui est un cavalier excellent parmi les meilleurs, choisit du regard la plus belle des bêtes, et, sans descendre ni arrêter son cheval, il se penche sur la selle, saisit l'animal derrière la nuque, l'enlève par l'effort du poignet et le met en travers devant lui, et dit aux bergers :

« Fils de chiens, vous direz à votre maître que
« nous avons pris ce mouton pour notre Seigneur
« et son Seigneur le Cheikh-Ahmed-ben-Ahmed. »

Cela fait, nos deux cavaliers tout joyeux reviennent en faisant caracoler leurs montures ; tous les Bédouins sont plus ou moins voleurs et leur instinct d'animaux de proie se réveille facilement.

A peine sommes-nous installés dans notre camp

que le propriétaire des moutons, prévenu par ses bergers, nous arrive avec quelques hommes tous armés de fusils : celui-ci ne voyant pas Ahmed, qui est avec moi derrière un buisson à prendre du café, se met à insulter les frères du Cheikh et les gens qui composent ma caravane, leur disant :

« Vous êtes des voleurs, toujours vous faites le
« mal ; comme des chiens, vous aboyez et criez de
« loin, parce que vous savez que tout le monde
« aime et respecte votre maître ; si le Cheikh-
« Ahmed, que Dieu allonge ses jours, était ici, il
« n'aurait jamais permis une telle rapine. »

Ab-del-Kader, Moussa et les autres s'amusent du maître des moutons, l'excitent et finissent par lui faire dire quelques paroles légères sur Cheikh-Ahmed. C'est là où ils en veulent venir, car ils tiennent à s'amuser de l'effroi que le Cheikh lui inspirera lorsqu'il se montrera.

Enfin le Cheikh-Ahmed sort de derrière le buisson, se présente devant le plaignant, et crie de sa grosse voix :

« Que me veut ce fils de berger ? Que vient-il
« chercher ici ce chien ? »

L'homme au mouton se considère comme mort, il prend l'attitude d'un suppliant, baise le pan du burnous du Cheikh, et tout ému lui dit :

« Moi et tous les miens nous sommes tes escla-
« ves ; ce n'est point un mouton que tu peux pren-
« dre, mais bien mes troupeaux, mes tentes, mes
« femmes, mes enfants ; tout est à toi, Cheikh-
« Ahmed, mon maître, mon Seigneur. »

J'interviens ; je dis à Mohamed de donner quatre douros à cet homme pour son mouton ; il n'ose d'abord les accepter. Il se nomme Ab-del-Kader-ben-Saïd ; il appartient au Châamba-el-Mouadhi. Je lui dis de rester avec nous à souper, et le prie de m'envoyer chercher du lait ; il me remercie et part pour son douar.

Suivant en cela un usage qu'ils tiennent de leurs pères, les arabes lorsqu'ils abattent dans le désert un animal pour leur nourriture, ils le font avec des cérémonies particulières ; elles doivent être semblables à celles qui devaient être usitées dans les sacrifices offerts par les patriarches au Seigneur. Dans ces circonstances, le chef de la famille ou de la tribut officie toujours lui-même.

Le Cheikh-Ahmed, nu pieds, ayant ôté ses burnous, recouvert simplement de son haik, se tourne vers l'orient et se met à faire une longue prière, que nous suivons tous ; après cette prière, le neveu d'Ahmed, qui n'est qu'un enfant et le plus jeune des hommes de l'escorte, amène le mouton ; on le couche par terre, la tête du côté du levant ; on présente à Ahmed un de ces couteaux à raser (mouss), comme nous en portons tous pendus au coup, et qui rendent des services si divers aux bedouins. Le Cheikh prend le couteau dans la main droite, et, tournant le tranchant de la lame vers le ciel (j'ai noté soigneusement tous ces mouvements, car ils s'accomplissent suivant un rite religieux conservé par d'antiques traditions) ; il se met, en se tournant successivement aux quatre coins de l'horizon, à crier :

« Gloire à Dieu, moi Ahmed-ben-Ahmed, je
« vais offrir ce mouton à Dieu et à nos seigneurs
» les oulad-Sidi-Cheikh. »

Cette invocation ayant été répétée quatre fois, l'on présente la gorge de la victime au Cheikh, qui, d'un seul coup de couteau lui coupe la veine jugulaire en disant : *au nom de Dieu*.

Le mouton fut ensuite rôti, et au moment où on le place tout embroché sur un lit de genêt, qui a été préparé devant mon tapis, je vois arriver Abdel-Kader-ben-Saïd avec des peaux de boucs pleines de lait. Je lui fais signe de s'accroupir en face de moi, et nous commençons tous ensemble à attaquer le rôti.

Nous finissons à peine notre couscous, qu'un homme à cheval arrive, suivi d'un autre conduisant un chameau ; c'est Bel-Aïa des Oulad-Sidi-Cheikh, qui va au Gourara porter des lettres aux oulad Hamza ; sans plus de façon il descend de cheval et va avec l'homme qui le suit s'asseoir au milieu de mon escorte qui est en train de solder le mouton.

Après souper, Ben-Saïd reste avec moi, je l'interroge au sujet de la route que je dois suivre ; voici ses paroles traduites mot pour mot :

« Vous ne pouvez pas, ou de moins vous n'avez
« aucune voie pour arriver à ce pays (le Tildikelt),
« parce que les Berbères et autres ennemis sont du
« côté de Timimoun. Donc, passer par là serait
« dangereux pour vos personnes ; quant à aller du
« côté d'In-Çalah, il y a là Bou-Choucha ; mais ce-
« pendant nous avons entendu dire qu'il s'était
« dirigé vers Ouargla pour y opérer des razzia.
« Quoi qu'il en soit, si vous voulez m'écouter, re-
« tournez sur vos pas. »

Dimanche 22 février. — Au milieu de la nuit, il est peut-être une heure du matin, un de mes hommes, qui veille, voit passer une troupe d'Arabes conduisant des chameaux ; il vient me prévenir de ce fait ; je l'envoie reconnaître ces nocturnes passants ; il part et revient bientôt après avec l'un d'eux. Ce sont des gens de Metlili : ils étaient partis pour le Gourara, dans l'intention d'acheter des nègres et des dattes ; arrivés dans le territoire d'Aouagroute, ils y ont appris que des Berbères, révoltés contre l'autorité du nouvel empereur du Maroc, arrivaient pour mettre le pays à contribution. Les Châamba effrayés ont pris la fuite sans faire aucun achat et ils marchent de nuit le plus possible pour se cacher.

Cet incident est cause que tout le monde est debout de meilleure heure que d'habitude. Il se trouve là des genêts, aux branches desquels pendent des quantités innombrables de sauterelles engourdies par le froid (la température ambiante est de 5) ; elles forment au bout des branches des grappes de la grosseur d'un œuf d'autruche ; elles ne font aucun mouvement ; et se trouvent en nombre si considérable, qu'il a suffit à deux hommes de quelques instants pour en remplir deux grands *tellis* (sac de laine), qui font la charge d'un chameau.

Cette récolte est très-appréciée par tout mon personnel, qui trouve là un supplément de nourriture justement goûté, ainsi que j'ai pu en faire l'expérience moi-même. Les sauterelles sont d'abord bouillies et séchées; on les mange ou dans cet état, avec un peu de sel, ou en les faisant revenir dans de la graisse ou du beurre. Ce n'est point un mets à dédaigner, elles ont une saveur qui rappelle celle des crevettes, un peu faisandée seulement.

Les Châamba, il est vrai, se montrent peu délicats sur leur nourriture ; ils mangent les rats, les gerboises et autres rongeurs, ainsi que plusieurs espèces de sauriens, entre autres le deub, connu en Algérie sous le nom de lézard de palmier. C'est du reste un manger délicat, surtout la queue : on croirait presque en la mangeant avoir de l'anguille de roche sous la dent.

L'on donne aussi aux chevaux Châamba des sauterelles en guise d'orge ; ce n'est point la seule nourriture animale qu'on leur fait manger dans le Sahara, où plusieurs tribus les nourrissent avec de la graisse, dans certains cas.

Pendant que mes hommes ramassent les sauterelles, je considère un joli passereau qui se pose en chantant sur les extrémités des arbustes ; c'est le premier oiseau que je vois depuis que j'ai quitté Metlili.

A cinq heures et demie du matin, ma caravane se met en marche, et jusqu'au puits de Zirara, où j'arrive à huit heures du matin, j'ai à traverser une contrée des plus uniformes.

Ce puits de Zirara est situé au milieu d'une grande plaine entourrée de collines calcaires ; c'est le point central où viennent converger un nombre considérable de routes, se dirigeant vers El-Goléa.

Il est construit entièrement en maçonnerie de pierres dures, c'est pour le désert une véritable œuvre d'art ; sa création est attribuée à une femme Berbère, dont le nom est resté populaire dans le

Sahara, Bent-El-Krafs. Elle avait fait élever aussi sur une colline voisine une petite ville fortifiée, aujourd'hui en ruine, mais dont l'enceinte est encore visible.

Ce puits a une profondeur de vingt mètres et donne en toute saison une hauteur de deux mètres d'eau de très-bonne qualité. Sa margelle, car il en a une, est surmontée de deux pilliers en maçonnerie, supportant une poutre sur laquelle l'on fait glisser des cordes qui retiennent les appareils pour puiser l'eau.

On trouve dans la construction de ce puits un détail assez remarquable ; sur un des côtés de la maçonnerie intérieure, on a ménagé une chambre voûtée, pouvant contenir quelques personnes ; on y parvient au moyen d'un escalier formé par des pierres, qui font saillie dans l'intérieur du puits, jusqu'à une profondeur de quinze à seize mètres.

Auprès du puits, se trouve un abreuvoir en pierre de grande dimension, destiné à l'usage des chameaux et des chevaux. Sur toutes les routes que j'ai parcourues dans le Sahara, le puits de Zirara est le seul que j'aie rencontré établi dans des conditions de salubrité et de solidité aussi complètes.

Il se trouve, en même temps que nous, à Hassi-Zirara, un certain nombre de Châamba, venus des contrées environnantes, pour s'approvisionner d'eau et pour causer ; ils nous entretiennent, eux aussi, comme l'ont déjà fait ceux de la caravane rencontrée hier, d'une insurrection Berbère, qui se serait produite dans le Gourara, du côté de Timimoun.

Après avoir rempli nos outres, déjeuné et abreuvé nos animaux, nous quittons le puits à neuf heures,

Un chambi d'Ouargla, connu sous le surnom de Gadamsi (son père était de Gadamès), qui rôdait dans les environs, se joint à nous avec son mehari. Il pense pouvoir, dans la suite, me rendre un service ; il sait qu'il serait largement rétribué ; de plus, avec moi l'on mange au moins une fois chaque jour du couscous de blé, ce qui est un ordinaire des plus confortables pour des populations dont la nourriture presque exclusive consiste en dattes.

Nous venons de quitter le puits. J'aperçois un grand mehari blanc, suivi de cinq chameaux, à côté desquels marchent quelques hommes à pied ; ils viennent de notre côté. Le Cheikh est à cheval avec ses frères, et ils se portent au galop au-devant de ces gens. Nous supposons tous que ce doit être Mohamed-ben-Messaoud, frère du Caïd du queçar de Metlili ; il avait été envoyé par le général, comte de Loverdo, porter des dépêches aux Oulad-Sidi-Cheikh ; il avait dû aussi aller réclamer à Bou-Choucha, avec qui il est particulièrement lié, des chameaux qui lui avaient été pris.

Je suis à pied et je ne parviens auprès de l'arrivant, qui est bien Mohamed-ben-Messaoud, qu'au moment où il a engagé conversation avec le Cheikh et ses frères ; il leur avait annoncé que Bou-Choucha venait de quitter son campement où il avait été lui-même, et où il n'avait trouvé qu'un très-petit nombre de personnes, tout ce qui était valide étant parti pour aller faire un razzi du côté de Ouargla ; il raconte aussi qu'il a été chez les Algériens insurgés près de Amma-Aïdir, non loin du Hoggar, pays des Touareg (les assassins de Dupéré et de

Joubert appartenaient à ces bandes), qu'il a laissé les Berbères révoltés du côté de Timimoun, et qu'une troupe forte de plus de six cents cavaliers avait l'intention d'aller du côté des Châamba-Berazgua (de Metlili). Il termine en disant qu'il ne faut pas songer à aller à In-Çalah ; il leur dit :

« Vous savez combien le pays et ses routes sont
« difficiles: il n'est guère possible qu'aux hommes
« valeureux et capables de supporter toutes sortes
« de misères, de traverser cette contrée, et encore
« il leur faut des chameaux entiers et vigoureux.
« *Vous avez avec vous des étrangers incapables de quoi*
« *que ce soit ;* du reste, arriveriez-vous à In-Çalah,
« que El-Hadj-Ab-del-Kader a fait serment de ne
« recevoir aucun Européen et de faire massacrer
« par ses gens celui qui tenterait d'y arriver, et
« tous ceux qui l'accompagneraient ; El Hadj-Ab-
« del-Kader me l'a dit à moi-même (1) ; vous êtes
« fous de croire qu'ayant un **chrétien** avec vous,
« vous pourrez, sans être tous massacrés, faire
« une pareille route. »

---

(1) Un langage identique avait été tenu, en 1864, par l'Hadj-Ab-del-Kader à l'allemand Gerhard Rohlfs, qui voyageait dans le Touat comme musulman, sous le nom de Moustapha. Ce voyageur rapporte que l'Hadj-Ab-del-Kader, dont il était l'hôte, lui dit :

« Quand bien même il viendrait ici des étrangers avec des
« lettres de recommandation du sultan de Constantinople ou de
« celui du Maroc, je les livrerais immédiatement à mes gens ;
« *nous ne voulons pas de chrétiens dans notre pays*. »

Voyez V. A. Malte Brun, résumé historique et géographique de l'exploration de Gerhard Rohlfs au Touat. — In-8°, Paris, 1866 ; Challamel, aîné ; page 126.

Au moment où je le joins, Mohamed a fini de pérorer ; il est entouré de tous les gens de la caravane ; je l'appelle et lui remets une lettre de son frère Sliman ; il prend la lettre et recommence à me répéter ce qu'il a déjà dit, et à me parler des dangers sérieux auxquels je m'expose. Il me déclare qu'il est impossible d'aller plus loin sans jouer ma tête et celle de tous les miens.

La situation est des plus critiques ; les paroles de Mohamed-ben-Messaoud ont jeté la terreur et la démoralisation parmi tous mes gens ; ils ne semblent plus disposés à me suivre.

Je donne, malgré tout, l'ordre de se mettre immédiatement en route, et je pars en avant, suivi de Mohamed et Djellali, mes deux domestiques. Au bout de trois ou quatre cents mètres, je me retourne pour voir si je suis obéi ; je les apperçois tous assis en rond à l'endroit même où je les ai laissés.

Profondément irrité, je reviens vers eux, suivi de Djellali seul, et, le pistolet à la main, menaçant de tuer celui qui n'exécutera pas mes ordres, je les oblige à se lever et à se remettre en route.

Mohamed-ben-Messaoud me demande ce qu'il doit faire ; furieux de l'acte qu'il vient de commettre, je lui dis de me laisser et de rentrer à Metlili.

Nous sommes depuis assez longtemps en route, lorsque je vois revenir Mohamed-ben-Messaoud au grand trot de son mehari ; il a lu la lettre de son frère le Caïd, qui lui recommande, s'il me trouve, de rester auprès de moi et d'aller où j'irai, et Mohamed me prie et me supplie de le laisser se joindre à ma caravane, ce que je finis par lui accorder comme une grâce.

En quittant le puits, je passe près d'une petite montagne en forme de pain de sucre, couverte de sable Arregue-el-*mezrag* (lance) ; et j'arrive, à cinq heures et demie, à un endroit appelé Aamoude, où il y a des buissons et de l'herbe, ce qui rend ce lieu propre à un bivouac.

Après le repas, le Cheikh-Ahmed, profondément peiné de ce qui s'est passé, vient me trouver et m'entretient longuement des incidents de la journée ; il me déclare alors que, quoi qu'il arrive, et dussions nous y aller **tous les deux seuls**, il tiendra la promesse qu'il m'a faite et m'accompagnera jusqu'à In-Çalah.

Lundi 23 février. — Tout auprès du lieu où nous avons passé la nuit, se trouve un douar de Châamba, dont les chiens, par leurs aboiements, ont bien souvent interrompu notre sommeil.

Le chef de ce douar est El-Hadj-Amar-ben-*Boussetta* (monnaie) ; il a la figure dévorée par un chancre. Je l'ai connu à Laghouat, en 1872. L'infirmité de Hadj-Amar est une affection syphilitique, très-commune chez les Sahariens ; cependant l'on a trouvé le moyen de faire toute une légende sur la sienne.

Les indigènes racontent et croient que lorsque Sidi-Hamza, notre Kalifa, se rendit en 1861 à El-Goléa, pour prendre possession, au nom de la France, de ce queçar, où il avait des propriétés et une zaouia, Hadj-Amar se présente devant lui ayant le haïk relevé et lui couvrant la bouche et le nez, ce qui est une insulte chez les Châamba. Sidi-Hamza en le voyant lui aurait dit :

— Pourquoi te caches-tu le nez ?

— C'est que tu sens mauvais, tu as l'odeur des Français.

— Misérable tu oses insulter un enfant des Oulad-Sid-Cheikh ! Je prie Dieu ; il te mettra dans le nez et sur la figure une maladie, il te faudra toujours cacher ta face, et tu auras la même odeur qu'une giffa (insulte qui s'adresse aux Juifs et qui signifie, animal mort et pourri).

La prophétie de Sidi-Hamza, s'est accomplie à la lettre, et El-Hadj-Amar est ainsi une sorte de miracle vivant attestant la puissance thaumaturgique des Oulad Sidi-Cheikh.

Hadj-Amar, vient me voir et me fait présent d'un mouton et de deux peaux de boucs pleine de lait. Nous échangeons ensemble des compliments affectueux, ensuite il se met à interpeller le Cheikh-Ahmed et ses frères, de m'avoir amené dans un pays qui appartenait, disait-il, au Touareg (1), et cela à un moment où la contrée est infestée d'ennemis et de brigands ; il va commencer à parler, lui aussi, des Berbères et de Bou-Choucha. Je lui signifie qu'il ait à changer de discours, que je suis en route et que je continuerai mon chemin vers In-Çalah quoi qu'il m'arrive.

(1) Tout le pays au sud du puits de Zirara appartient au Tildiket suivant les indigènes.

Nous nous souhaitons mutuellement bonheur et prospérité, et nous nous quittons, lui rentrant à son douar, moi continuant ma route vers le Sud, au milieu des préoccupations de toutes sortes, que m'occasionnent les mauvaises nouvelles qui me sont constamment répétées et surtout le découragement profond dans lequel je vois tous mes gens plongés. Je crains qu'il ne finisse par gagner aussi le Cheikh-Ahmed, et je redoute d'être obligé de retourner sur mes pas sans avoir atteint l'oasis d'In-Çalah, but de mon voyage.

Il est six heures du matin, lorsque après avoir dit adieu à l'Hadj-Amar, je pars seul, suivant ma coutume, à pied et le bâton à la main ; je traverse deux ouidan, appelés l'un et l'autre *Cheib* (vieux) ; j'en rencontre un troisième nommé El-Afzag, et vers le midi j'entre dans une plaine argileuse du nom d'El-*Zelidj* (la brique), plus tard elle prend celui d'Akaoua.

Après cette plaine, en vient une autre, dont le sol est recouvert d'une légère couche de sable ; ces plaines légèrement mamelonnées, vont sans interruption d'ici à El-Goléa.

Je me suis croisé aujourd'hui avec quatre caravanes de Chaamba. Ils reviennent du Touat sans avoir pu faire leurs achats, et nous disent tous que les Berbères insurgés sont dans cette contrée, pillant les villages, interceptant les routes et se préparent à aller faire des razzia du côté des Châamba.

Je passe près de deux de ces grandes buttes de terre, que les géologues ont reconnues pour être des témoins de l'ancien sol ; les indigènes les nomment

15

Gara. L'une est la Gara *El-Beida* (la blanche) ; la seconde *Essebaa-ben-Hamida* (la matinée du fils d'Hamida), et je fais à cinq heures du soir établir mon camp à El-Fed.

Mardi 24 février. — Départ à cinq heures et demie ; je déjeune à Tagmina, seul endroit de la plaine qui ait un nom.

Mohamed est malade. Je le fait coucher dans le bassour ; c'est ce qui fait qu'à une heure de l'après-midi, contre ma coutume, je suis monté sur mon méhari, ayant à ma droite le Cheikh et Moussa et à ma gauche Abd-el-Kader et Bel-Aïa, tous quatre à cheval. Une caravane de Châamba-El-Mouadhi appartenant à la fraction En-Naïm vient au devant de nous ; les gens qui la composent, me voyant perché sur mon dromadaire, entouré de quatre cavaliers, me prennent de loin pour Bou-Choucha lui-même, le Chériff voyageant d'habitude dans un tel équipage. Ils craignent d'être attaqués et ils se mettent sur la défensive ; cinq d'entre eux réunissent les vingt-cinq chameaux, qui forment leur convoi en un seul groupe et les font agenouiller ; les dix autres, ayant jeté derrière eux leurs burnous, leurs haïks, leurs chechia, et ôté leur chaussure pour être plus agiles, brandissent leurs longs fusils dans la main gauche et forment un *groupe des plus caractéristiques*, vêtus seulement d'une longue *gandoura* (chemise) de coton sans manche, serrée à la taille par une large ceinture de cuir rouge et à laquelle pendent, faisant frange, de longs cordons de maroquin tressé, qui leur descendent jusqu'aux genoux ; leur tête nue et rasée est surmontée d'une épaisse et longue *choucha* (touffe de cheveux) ; ils ont un anneau d'or dans l'oreille droite.

Nous nous reconnaissons mutuellement: ils viennent, nous disent-ils, de Timimoun, dont ils ont été chassés par les Berbères insurgés, et ils se hâtent de regagner leur tente; car ils craignent, d'un moment à l'autre, de se voir attaqués par Bou-Choucha ou les Berbères.

Je passe ensuite entre deux gara désignées l'une et l'autre sous le nom d'El-Takinine ; je traverse un ouad appelé *El-Kebir* (le grand) près duquel se trouve un autre d'El-Entag *es-seguir* (le petit). Je vois un rocher conique, sur la croupe duquel est fièrement campé un queçar couronné d'une casbah; tout autour s'étendent de verts jardins; le temps est des plus chauds, et un radieux soleil saharien inonde de sa blanche lumière l'oasis d'El-Goléa, où j'arrive à trois heures du soir.

Ma troupe est pour les habitants d'El-Goléa un sujet d'effroi ; ils s'enfuient des maisons de la ville basse et de leurs jardins et courent se réfugier dans le queçar.

Le Cheikh Ahmed nous mène dans une maison située au milieu d'un jardin et qui appartient à un de ses amis. Elle est abandonnée ; le propriétaire ne l'occupe qu'au moment de la récolte des dattes ; elle n'a du reste ni fenêtres, ni portes, pas même de toiture ; on lui fait, quand on l'habite, une couverture de palmes vertes. Je fais décharger les bagages. Les habitants, qui nous observent derrière les murailles du queçar, voyant notre attitude, notre équipage pacifique, et reconnaissant le Cheikh Ahmed et ses frères, se décident à venir, nous font de nombreuses protestations de dévouement et nous portent de l'eau et des dattes ; l'eau est excellente, mais les dattes ne valent rien. L'oasis est beaucoup trop au Sud pour que l'on y puisse cultiver les bonnes espèces comme au Mzab, à Ouargla, au Souf, etc.

La population d'El-Goléa est tellement misérable qu'elle ne se sert, en guise de tapis ou de nattes, que de sable fin que l'on étend sur le plancher. Il en est apporté de nombreux couffins pour arranger notre logement ; on nous donne aussi des palmes pour le couvrir, et le soir une diffa nous est offerte de la façon la plus cordiale ; elle est composée d'un plat de grossiers couscous et d'un chevreau.

OASIS D'EL-GOLÉA

El-Goléa a été visité une première fois au mois de septembre 1859 par M. Henri Duveyrier, qui donna, en cette occasion, une preuve de courage au-dessus de tout éloge, en se livrant aux observations astronomiques à l'aide desquelles il a déterminé la position de l'oasis (qui serait de 30° 32' 12" latitude Nord et de 0° 47' 31" longitude Est du méridien de Paris, altitude 402 mètres pour la ville basse), au milieu d'une foule vociférant contre lui et pendant que la djemâa délibérait s'il devait être mis à mort ou simplement chassé.

El-Goléa se nomme aussi El-Menia et Tahoret ; les Chaamba se servent des deux premiers noms, mais ils appliquent le nom d'El-Menia à toute l'oasis, réservant celui d'El-Goléa pour le queçar ; le nom de Tahoret n'est guère usité que chez les Imôhag. Il résulterait des renseignements que j'ai recueillis qu'El-Goléa, El-Menia, Tahoret peuvent se traduire en français par les mots *passage*, *défilé*.

D'après M. Henri Duveyrier, *El-Goléa, El-Menia, nom et surnom de l'oasis, se traduisent en français par* la **petite forteresse bien défendue** (Bulletin de la Société de géographie de Paris, septembre 1875). D'après M. Parisot, *El-Goléa* signifie la **disette** et

El-Menia **nous sommes sauvés**, (Bulletin de la Société de géographie de Paris, septembre 1875). Je laisse à mon lecteur la liberté de choisir l'explication qui lui plaira le mieux.

El-Goléa se compose de trois parties bien distinctes; un queçar au sommet d'un rocher isolé en forme de pain de sucre, un village nègre au pied, et des vergers de palmiers.

Le queçar est entouré d'une muraille bâtie en grosses pierres, percée d'une seule porte placée dans un angle rentrant, qui constitue, ce que les gens du métier nomment, je crois, une caponnière; un puits, placé près de la porte et pour lequel il a fallut creuser le roc à plus de trente mètres de profondeur, assure, en cas de siége, l'approvisionnement en eau de la place ; il n'y a dans le queçar qu'une seule rue, partant de l'unique porte et allant, formant la vis, aboutir à la casbah ; cette rue est bordée à droite et à gauche de magasins construits à moitié dans le roc et dans lesquelles les nomades enferment leurs approvisionnements, mais où ils ne logent point. Une seule maison du queçar est habitée ; c'est une grande maison de construction berbère dont la façade principale regarde l'Ouest.

Le plan sur lequel est bâti El-Goléa est original ; il rend en même temps la défense de la place facile. Il avait été proposé au seizième siècle par Bernard de Palissy, qui conseillait aux gens de la religion de se bâtir une ville de refuge sur le modèle d'une coquille.

Un cimetière arabe entoure la muraille du queçar, et au pied du rocher se trouve un village occupé par une cinquantaine de famille Berbères ou nègres, *tous ayant la peau noire* ; c'est ce que l'on est convenu d'appeler la ville basse ; les habitations sont en pisé et peu confortables.

De nombreuses Kouba sont élevées au pied du rocher. Il y en a en l'honneur de tous les saints de l'Islam ; une entre autre est consacrée au marabout Sidi-El-Hadj-Bou-Haous ; elle est de forme carrée, surmontée d'une coupole ovoïdale ; les quatre murs sont garnis extérieurement de petits socles en maçonnerie sur lesquels on a posé des œufs d'autruches.

Au Sud du queçar actuel se trouvent également, sur un piton isolé, les ruines d'un château fort qui peut bien être la plus ancienne construction de l'oasis.

Des vergers de palmiers, dispersés sur un espace de huit kiomètres au moins de côté, forment l'oasis, qui peut contenir une vingtaine de mille arbres tant palmiers que pêchers, abricotiers, amandiers, grenadiers, figuiers. On cultive aussi dans ces jardins quelques légumes, du blé et de l'orge.

Ces jardins, dont plusieurs sont fort beaux, sont facilement arrosés au moyen de puits à bascule, l'eau étant toujours à un ou deux mètres du sol.

A l'Ouest de la ville basse, se trouve une grande place carrée dont les côtés sont formés par des murs de jardins ; c'est là que s'arrêtent les caravanes et que fut retenu prisonnier M. Duveyrier en 1859. Tout auprès est une magnifique zaouia, aujourd'hui abandonnée, appartenant aux oulad Sidi-Cheikh, et où se trouvent des bâtiments importants au milieu de jardins splendides.

La population de l'oasis peut se diviser en deux parties : les nomades et les sédentaires.

Les nomades sont, nous l'avons vu, des Chaamba-El-Menia et quelques oulad Sidi-Cheikh.

Les sédentaires appartiennent les uns à la race Berbères, ils ont la peau noire comme les gens du Gourara et d'Ouargla, on les nomme des Rouagha ; les autres, aux races noires du Soudan occidental ce sont tous ou des esclaves ou d'anciens esclaves. Berbères et nègres vivent dans un état complet de dépendance vis-à-vis des nomades.

Les sédentaires, libres ou esclaves, habitent la ville basse et se livrent à la culture des jardins, dont le plus grand nombre sont la propriété des nomades : ils parlent tous arabes ; il est possible cependant que l'usage d'un idiome Berbère se soit conservé au sein de quelques familles.

L'oasis est traversée par les caravanes des gens d'In-Calah et de Timimoun, qui se rendent au Mzab, et par celles des Chaamba qui vont au Tildikelt et au Gourara ; c'est par ces caravanes qu'elle est approvisionnée des quelques objets manufacturés nécessaires à la consommation des habitants.

L'oasis d'El-Goléa est le point le plus méridional du Sahara où le mouton à laine puisse vivre ; après l'on ne rencontre plus que le mouton à poil.

Les habitants sédentaires d'El-Goléa n'ont, en fait d'animaux domestiques, que quelques poules et une vingtaine de chèvres. Aussi recueillent-ils soigneusement, pendant le séjour des nomades dans l'oasis, le fumier des troupeaux des Chaamba ; il leur sert, avec l'engrais humain qu'ils conservent également, à fumer les palmiers, ce qu'ils font pour chaque arbre au moins une fois tous les trois ans.

Quoique la population sédentaire de l'oasis soit uniquement composée d'hommes à peau noire, le climat en est fort sain pour les blancs, qui viennent y passer même la saison chaude, ce qu'ils ne pourraient faire à Ouargla. L'eau de qualité excellente se trouve toujours ici en abondance, et l'étendue des terres cultivables y est des plus considérables. El-Goléa a été aussi un centre important de population; les indigènes font remonter sa fondation aux Romains, mais l'inspection des ruines ne peut laisser aucun doute à ce sujet; elles sont toutes d'origine berbère, peut-être contemporaines de l'époque de l'occupation Romaine en Afrique, peut-être même plus anciennes.

Quoiqu'il en soit, la tradition a conservé le souvenir du temps où l'on comptait plus de soixante-dix queçour dans cette oasis, habités par une nombreuse population berbère et des sultans de Tahoret, qui avaient une garde de plus de quatre cents chevaux.

L'empereur du Maroc, Mouley-Ismaël-Ben-Ali, jaloux des richesses d'El-Goléa, fit détruire, après trois ans de guerre, toute l'oasis; c'est à ce moment que les Chaamba-Mouadhi vinrent camper sous El-Golea et s'emparèrent d'une portion des jardins; depuis eux et leurs suzerains, les oulad Sidi-Cheikh possèdent cette oasis, qui appartient aujourd'hui nominalement à la France.

JOURNAL DE VOYAGE

(Suite.)

Mercredi 25 février. — Dans la journée, deux fils de l'Hadj-Amar-ben-Boussetta passent à El-Goléa avec une caravane leur appartenant; ils reviennent de Grout et nous confirment les nouvelles de l'insurrection Berbère et du départ du Bou-Choucha pour le Nord. Des partis Berbères de quatre-vingt à cent chevaux tiennent la campagne de tout côtés, me disent-ils, et il y aurait un danger réel à dépasser El-Goléa; le découragement et la peur paralysent mes hommes; hier ils n'ont consenti à marcher que sous la menace formelle que j'ai faite de tuer celui qui s'y refuserait. Ma situation est donc des plus graves : il faut ou attendre à El-Goléa, cela serait le plus sage et le plus prudent, mais les ressources pécuniaires me manquent pour le faire ; ou continuer la route commencée.

Déjà une fois, le désert en pleine insurrection a été traversé par un voyageur européen, qui a su, par une marche rapide, échapper à tous les dangers. J'espère être aussi heureux que le fut le docteur Barth en 1857, *et que l'on me saura gré de déployer, moi Français, pour traverser des pays incon-*

nus et accomplir mon voyage, la même hardiesse que le docteur allemand a montrée pour rentrer en Europe.

Je me décide alors à rappeler au Cheikh Ahmed sa promesse, et notre départ est fixé à demain ; Kaddour doit nous accompagner.

Jeudi 26 février. — Mohamed-ben-Messaoud, qui a reçu, de son frère, le caïd Sliman, une lettre lui enjoignant de ne pas m'abandonner, me demande avec instance, comme une nouvelle faveur, de partager les dangers du voyage d'In-Çalah, je le lui accorde, et ils décident avec le Cheikh qu'il serait imprudent de partir si l'on a avec soi un homme pouvant écrire l'arabe, et ils se mettent dans la tête l'un et l'autre d'amener de gré ou de force Bafou, le secrétaire ; ce dernier voyant qu'il n'y a pas moyen d'échapper au voyage, en prend bravement son parti ; il a été, je le constate, un fidèle et loyal compagnon de route pendant notre course à In-Çalah.

Le reste de la journée se passe à faire des approvisionnements d'eau et de dattes, à mettre nos armes en état, et à nous procurer trois méhara ; il nous en faut cinq et des meilleurs, et nous n'en avons que deux : le mien et celui de ben-Messaoud. J'en achète un et j'en loue deux ; l'un à un cousin de ben-Messaoud qui s'est joint à nous, l'autre au gadamsi qui nous suit depuis Zirara.

Vendredi 27 février. — Grâce au Cheikh, je puis laisser à El-Goléa, sous la garde de son frère Moussa, mes bagages et mes gens, et partir sans impédimenta. Mes compagnons et moi nous avons pour montures cinq excellents méhara; ils portent chacun, à l'arrière de la ralla, un tellis contenant les dattes qui doivent, pendant la route, nourrir les hommes et les animaux; j'emporte aussi du sucre et du café; je fais placer sur chaque dromadaire deux *chibouta* (petite outre) bien goudronnées intérieurement et à l'extérieur recouvertes d'un poil long et épais; elles peuvent contenir chacune de six à huit litres d'eau et la conserver fraîche et de bonne qualité pendant quinze jours au moins. Nos sabres, nos fusils ainsi que nos *djebirra* (sabretaches) sont, suivant l'usage, pendus au troussequin (*chenati*) de nos selles; nous portons nos pistolets dans une fonte pendus au cou.

Je prends également avec moi les cadeaux que je destine à El-Hadj-Ab-del-Kader-ould-Bajouda-Cheikh, des oulad Hamou et d'In-Çalah, et à son frère El-Hadj-Mohamed. Pour le premier j'ai une carabine à douze coups et un revolver doré; j'ai aussi préparé pour le Cadi d'In-Çalah, Ben-El-Hadj-Abou, des oulad Mohktar, une cartouche contenant cent douros (500 fr.).

J'emporte, comme instruments scientifiques, une montre, une boussole, un baromètre olostérique et des thermomètres.

Avant de partir, je réunis dans un repas d'adieux mes hommes et les habitants d'El-Goléa. Mes gens sont honteux de m'abandonner ainsi; quelques uns, mes deux Laghouatia entre autres, ont pour moi une réelle affection, et ils sont chagrins de me voir partir pour un voyage dont ils considèrent le retour comme impossible. Les naturels aussi, paraissent inquiets : seul un vieil hadj arabe, natif des environs de Bagdad, moquadem d'une chapelle élevée en l'honneur du grand marabout Sidi-Abdel-Kader-ben-Djellali, et qui enseigne aux enfants de l'oasis à prier, lire et écrire, ne partage pas la tristesse générale. Ce vieillard, malgré ses haillons, m'a toujours plu, et je me le rappellerai longtemps, avec son long bâton de palmier, son *derbal* (vieux burnous rapiécé) formé de cent burnous d'étoffes et de couleurs diverses, lorsqu'il me dit : *Dieu ne saurait abandonner un homme qui ne craint que lui seul* ; et cela au moment où nous nous mettons en selle devant la Kouba du Hadj-bou-Haous, sous la protection duquel mes compagnons et leur camarades avaient voulu placer notre voyage.

A dix heures du matin, de ce **vendredi 27 février 1874**, je quitte El-Goléa par un temps couvert, me dirigeant vers le Sud, suivi de mes quatre compagnons :

1° Le Cheikh-Ahmed-ben-Amed Chambi Berazgui ;

2° Kaddour (serviteur du Cheikh) Chambi Berazgui ;

3° Mohamed-ben-Messaoud Chambi Berazgui, frère de Sliman, caïd du queçar de Metlili ;

4° Mohamed-ben-Youssef-Bafou-Beni-Mzab, de Ben Isguen.

Tous cinq bien montés, bien armés, mes compagnons paraissent résolus à tout braver ; nous sommes les premiers qui allons, moi avouant hautement ma qualité de français, eux escortant un chrétien, entreprendre une route qu'aucun voyageur européen n'a encore pu faire, celle d'El-Goléa à In-Calah. C'est une traversée de plus de cent lieues en pays inconnus, remplis d'ennemis de tout ce qui reconnaît la puissance française, que je vais tenter ; j'espère qu'il en rejaillira une certaine gloire sur ma patrie, soit que je tombe en route, soit qu'il me soit donné de mener à bien une aussi périlleuse entreprise.

La route longe d'abord un petit village et un puits dit Haci-El-Gara. Ce village, voisin de l'Oasis, est composé de jardins et de quelques maisons appartenant les uns et les autres à des nègres qui sont venus se fixer depuis peu dans la contrée.

Je trouve ensuite la *Sebkha* (terres salées) ; elle s'étend au Sud d'El-Goléa, et pendant près de trois heures, je marche au milieu de ces terrains ; en sortant de la Sebkha, on me désigne sur la droite un puits nommé Bir-el-Keciba. L'eau en serait salée et saumâtre ; mais quelques centaines de mètres plus loin, et aussi à l'ouest, se trouve un autre puits appelé Bir-el-*agbecin* (beau-frère) dont l'eau serait douce, agréable à boire, et de la même qualité que celle d'El-Goléa, qui est la meilleure de toutes les eaux du Sahara.

A ce moment, j'aperçois en face de moi d'immenses dunes de sable, tourmentées en tout sens et présentant des pics de formes diverses ; ces dunes sont désignées dans le pays sous le nom d'El-Archane. Il est trois heures du soir lorsque mon mohari commence à escalader leur pente Nord. Il faut par trois fois monter et redescendre ; je passe tout auprès d'un piton très élevé, il domine toute la contrée, appelé *Guern-Ech-Chouf* (d'où l'on voit, observatoire) ; un autre piton également élevé se voit aussi avant de quitter les dunes, il se nomme Guern-ben-Ab-del-kader, du nom d'un notable d'El-Goléa, qui y est jadis monté. La route passe à l'est de ces pitons, qui servent de points de repères aux voyageurs.

Il y a dans ces noms, donnés à des montagnes de sable, la preuve que leurs formes sont persistantes ; elles doivent avoir un noyau solide, probablement la roche qui, en se désagrégeant sous les influences atmosphériques, a dû les former. On ne voit dans ce sable que quelques arbrisseaux, sortes d'ajoncs qui poussent çà et là ; je n'y remarque la trace d'aucun animal ; il y vit cependant des gazelles et des reptiles.

Je ne puis m'empêcher, lorsque je suis au sommet du versant Sud, d'arrêter un moment mon mehari et de me laisser aller au charme de contempler un paysage qui n'avait encore été vu d'aucun voyageur, et en pensant que je mets le pied sur une terre vierge de tout contact européen, mon cœur bat dans ma poitrine à la fendre, mes yeux se mouillent de larmes, j'éprouve un sentiment qu'il est facile d'indiquer, mais qu'il m'est impossible de définir.

A six heures du soir j'ai fini la traversée des dunes, elle ne m'a donc demandé que trois heures.

Je suis maintenant dans une plaine formée de terres blanchâtres, dans laquelle se trouvent en quantité des cristaux de gypse, fort grands, très blancs, et qui résonnent avec un son argentin, lorsqu'on les choque ; cette plaine est appelée Sahaba-Edde-Ghaghera, en souvenir des Deghaghera, qui y furent surpris et assassinés en se rendant au Mzab.

Le terrain devient ensuite pierreux; il est coupé par un vaste oued nommé Frenta, dont la direction est O. N. E., et où je couche cette première nuit.

Toute la journée, un vent du N. O. assez fort a soufflé; il est tombé aussi de la pluie de temps à autre.

La direction générale de la route a été constamment S. S. E.; le chemin des caravanes passe à l'O. de celui que j'ai suivi; par prudence j'ai toujours évité les voies fréquentées.

Un méhari monté a une marche régulière de six kilomètres environ par heure; d'après ce calcul, je serais à quarante kilomètres d'El-Goléa, et la base des dunes n'aurait, au point où je les ai traversées, qu'une largeur de quatre kilomètres, ce qui est essentiel à noter, car c'est un résultat majeur déjà obtenu par mon voyage d'avoir trouvé un tel passage dans les dunes de sable mouvants qui ceignent tout le Sud du Sahara algérien et qui, commençant au Maroc sur les bords de l'Océan, vont rejoindre dans l'Est les sables du désert Libyque.

Hors au Sud des provinces d'Oran et de Constantine et dans tout autre point que celui où je viens de passer, il faut de six à quinze jours pour franchir ces dunes, et cela au prix des plus grandes fatigues et en marchant constamment dans des sables mouvants. Les voyages de MM. Bou-Derba, de Bonnemin, Henri Duveyrier, etc., témoignent tous des difficultés considérables de cette traversée. Je viens donc de constater un fait des plus importants au point de vue géographique ; il avait été soupçonné par quelques géographes, notamment MM. Renou, O'Mac-Carty, mais j'ai enfin *de visu* vérifié leur hypothèse.

Samedi 28 février. — A quatre heures du matin, moment du départ, il souffle un vent violent du N. O.; la pluie tombe fine et froide, et le thermomètre, consulté en fronde, accuse une température de + 1.

La nuit a été glaciale ; je n'ai voulu m'embarrasser ni de couvertures, ni de tapis et j'ai dormi à plate terre, en vrai Chaambi, simplement roulé dans mes burnous ; j'ai dû aussi, de crainte d'une surprise, me passer de feu. Je me suis, du reste, la fatigue aidant, promptement habitué à dormir ainsi.

En quittant l'oued Frenta, je vois s'étager devant moi de larges plateaux aux arêtes nettement découpées en escalier ; ils se profilent sur l'horizon ; l'on dirait six marches d'un perron titanesque ; je traverse le premier de ces plateaux, l'on ne me le désigne que sous le nom générique d'*El-Guentra* (crête), et il me faut sept heures pour le parcourir en ligne droite, me dirigeant toujours vers le S. S. E. Il a donc dans cet endroit une largeur de plus de quarante kilomètres; c'est une **hamada** complètement privée de végétation.

J'ai toujours pensé que ces hamada avaient dû

être recouvertes de forêts à l'époque où les ouidan du désert coulaient à ciel ouvert et que c'est leur déboisement qui a fait tarir les rivières du Sahara; alors la terre végétale qui recouvrait ces plateaux n'étant plus maintenue par les racines des arbres, s'est réduite en poussière sous la triple action des vents, de la pluie et du soleil; le sous-sol a été mis à nu et c'est celui que nous voyons aujourd'hui.

Des effets analogues à ceux que je viens de décrire s'observent en France; je les ai remarqués dans la Lozère, dans les Basses et les Hautes-Alpes et dans certaines portions du département de Vaucluse. Pour s'en convaincre, il n'y a qu'à lire la description que Pétrarque faisait au quatorzième siècle du Mont-Ventoux et de ses environs, et comparer ce que cette même région est devenue depuis que ce colosse des Alpes Françaises est déboisé.

Je descends à onze heures du matin d'El-Guentra dans l'oued Messaouda, où je déjeune auprès de quelques puits peu profonds; ils sont abandonnés et ensablés, car ils ne se trouvent point sur le chemin des caravanes. L'oued est rempli d'arbrisseaux nommés en arabe El-Atal.

Mohamed-ben-Messaoud va à la recherche des gardiens de quelques chameaux que nous apercevons au loin; lorsqu'il revient, il nous apprend que les bergers lui ont donné comme une nouvelle certaine que Bou-Choucha a fait un razzi heureux au N. d'Ouargla et qu'il est reparti vers In-Çalah amenant avec lui deux cents chameaux de prise et un riche butin.

Malgré cette nouvelle, qui jette le trouble parmi

mes compagnons, je me remets en route à midi; à ce moment la quantité de poussière et de sables, soulevée par le vent, est tellement considérable que l'horizon en est complétement obscurci, l'on ne peut plus rien distinguer à cinquante pas de soi.

Une hamada du nom de Diara-Errent et qui peut avoir dix-huit kilomètres de large (il faut trois heures pour la traverser) se trouve entre l'oued Messaouda et l'oued El-Brig-Echergui. La principale végétation de cet oued consiste en terfa et retem; il est séparé par une plaine d'un autre oued appelé El-Brig-El-Guerbi, où je m'arrête, pour la nuit, à sept heures du soir.

Dimanche 1ᵉʳ mars. — La pluie a cessé pendant la nuit, le vent est toujours très-fort du N. O.; le thermomètre marque + 6.

Je quitte l'oued El-Brig-El-Guerbi à quatre heures trente; il est séparé par une hamada qui n'a pas de nom de l'oued Bou-Madhi, où j'arrive à huit heures. La poussière nous y aveugle; j'y reste un instant à me reposer et je reprends ma route, qui passe au milieu de deux daya, l'une appelée *Hamera* (rouge), l'autre *Ezaoufa* (peureuse); la traversée de ces deux daya me prend quatre heures. L'on n'y trouve point d'eau, mais la végétation y est des plus abondantes; elle se compose principalement de teurfa et de saouid. Je rencontre encore une petite dayé *Mayza* (chèvre); dans laquelle se trouve un puits, que je laisse à ma gauche, et à huit heures du soir je m'arrête dans l'oued Allal, au point où il se bifurque en deux branches, se dirigeant l'une et l'autre O. N. E.

Lundi 2 mars. — La nuit a été très-mauvaise ; vent très-fort du N. O. ; au réveil, les burnous sont mouillés comme s'il venait de pleuvoir.

Je quitte l'oued Allal à trois heures du matin. Depuis El-Goléa, j'ai toujours suivi une direction uniforme S. S. E.; maintenant j'en prends une nouvelle, S. S. O., pour me rapprocher du chemin des caravanes.

Je traverse d'abord une plaine coupée par deux ouidan, nommés l'un et l'autre El-Fersid ; ils sont remplis de teurfa ; je passe à midi près de la gara Ben-Aïssa. Un chambi de ce nom est là enterré ; il fut, paraît-il, surpris ici un jour qu'il revenait d'In-Çalah et attaqué par des Touareg; il se défendit en désespéré et en aurait tué plusieurs avant de tomber lui-même mortellement frappé.

Jusqu'à l'oued Moukramla, où je couche, je marche constamment dans une plaine légèrement mamelonnée, coupée par un oued du nom d'El-Amonalegh dont la direction est toujours O. N. E.

Mardi 3 mars. — Départ à quatre heures et demie du matin. Je monte sur une hamada nommée Inghbane ; elle est recouverte de pierres noires et brillantes ; à six heures et demie, j'y trouve le *Medjebel* (chemin des caravanes).

L'on forme sur les hamada du Tiltdikelt les Medjebel en ôtant, sur une largeur de huit à dix mètres, toutes les pierres petites ou grosses qui recouvrent le sol et en les rangeant à droite et à gauche de la route.

D'après une légende, ce serait un homme du nom de Ben-Bouour, qui, a une époque très-reculée, au moment où le Touat n'était pas encore habité, aurait construit ces routes, en faisant traîner sur le sol de grosses pierres rondes auxquelles il attelait des chameaux.

Le Medjebel a une direction N. S., il me mène à un oued dans lequel je descends par un sentier des plus abruptes et où se trouve un puits.

Le puits et l'oued ont le nom d'Adrek. L'eau se trouve ici très-près du sol, et, pour la puiser, il suffit de faire un simple trou à fleur de terre ; en toute saison on la rencontre à un mètre au plus de profondeur ; aujourd'hui elle n'est qu'à quarante-quatre centimètres ; sa température est de + 14, celle de l'air étant de + 16.

Les couches épaisses de salpêtre que l'on trouve sur ce point, et qui proviennent de l'urine des chameaux, prouvent, ainsi que les nombreuses empreintes laissées par ces animaux, que ces parages sont fréquentés par des caravanes importantes.

Il y a auprès du puits quelques palmiers, des plantes d'espèces diverses et un grand nombre d'arbrisseaux nommés El-Ettalh. Bafou me dit que les gens de Médine connaissent cet arbuste auquel ils attribuent de nombreuses vertus curatives et qu'ils appellent El-Leban El-Bestoui. Je remarque aussi une sorte d'asperge très-grosse et de couleur noire ; mes compagnons ignorent le nom de cette plante.

Je déjeune au pont, j'y renouvelle ma provision d'eau et je le quitte à dix heures et demie pour remonter sur une hamada identique à la précédente ; elle n'aurait pas d'autre nom que celui d'*El-Kantera* (le pont) ; ces deux plateaux sont, à vue d'œil, à la même hauteur et ils paraissent avoir dû en former un seul qui aurait été séparé par une commotion géologique.

Cette hamada, comme la précédente, est recouverte de pierres noires ; ces pierres sont de diverses grosseurs, mais toutes brillantes et luisantes comme du jais poli et taillé ; elles ne sont nullement adhérentes au sol, et elles forment une couche si régulière qu'on les dirait étendues avec un rateau ; la terre qu'elles recouvrent ainsi est une argile rougeâtre, toute fendillée. Il n'y a sur ces hamada aucune espèce de végétation ; je n'ai pu, malgré mes nombreuses recherches, y trouver un seul brin d'herbe ; l'on n'y rencontre également ni oiseau, ni insecte, ni quoi que ce soit qui ait vie.

Au milieu de ces fantastiques terrains, où tout est noir et brillant, l'on est le jouet des mirages les plus surprenants : une pierre d'une teinte différente, un bâton perdu par un caravanier, prennent de loin l'aspect d'un arbre ou d'un chameau. J'y ai vu mes compagnons, eux des Chaâmba de naissance, pour qui le désert ne devrait plus avoir d'illusions trompés tout comme moi, et discuter entre eux pour savoir si les cinq cavaliers qui venaient vers nous, montés sur des mehara, étaient vêtus de noir ou de blanc. Ces cinq cavaliers étaient en réalité cinq pierres grisâtres de quelques centimètres de hauteur.

Je passe à côté d'une dizaine de tombes, elles sont à cinq ou six cents mètres de l'oued ; ce sont celles de Chaamba de Metlili ; l'on me cite leurs noms et l'on me raconte leur fin tragique. Il y a quelques années, ils passèrent ici revenant d'In-Çalah ; après quatre jours de marche rapide, ils se croyaient en sûreté, il faisait très-chaud ; aussi sur le midi, se laissèrent-ils aller à faire la sieste ; surpris endormis par des Touareg, ils sont massacrés et leurs cadavres nus sont laissés sur le chemin. Une caravane de *zoua* (membre d'une zaouia), des oulad Sidi-Cheikh, qui passa là quelques jours après, les ensevelit pieusement.

A huit heures du soir, je commence à descendre de ce plateau, et, à neuf heures, je m'installe pour la nuit dans l'oued Aflissat.

Pendant que nous entravons nos mehara, nous apercevons, à quelque distance de nous, une vingtaine de chameaux et un feu. Le Cheikh et Mohamed-ben-Messaoud vont, le fusil sur l'épaule, reconnaître à quels gens nous avons affaire ; ils ne trouvent qu'un nègre esclave laissé pour garder des bagages et des chameaux appartenant à un homme des oulad Hamou d'In-Çalah, qui revient de convoyer à Ghadamès des marchandises arrivées de Tombouctou ; il est parti à la recherche de son douar qu'il suppose dans les environs.

C'est dans les berges élevées d'un mètre cinquante de cet oued Aflissat que j'ai trouvé, le 8 mars, deux espèces nouvelles de mollusques : un bulime *(Bulimus Soleilletis,* B*)* et une helice *(Heliciana Soleillana,* B*)*.

M. Bourguignat, qui les a déterminées, a bien

voulu, en me les dédiant, fixer dans le monde savant le souvenir du premier explorateur européen du Tildikelt, entre El-Goléa et In-Çalah.

Ces mollusques sont remarquables, car elles appartiennent l'une et l'autre aux espèces les plus caractéristiques de la faune de l'Afrique équatoriale. Ce serait toujours, d'après M. Bourguignat, la première fois que de telles espèces sont recueillies dans le Sahara.

J'ai rencontré, bien plus au Sud, dans les eaux d'In-Çalah, le mollusque appelé *Melanoptis Marocana*. Ce coquillage qui se trouve en Espagne, en Grèce et dans toutes les îles de la Méditerranée, est un de ceux qui passent pour caractériser le plus sûrement le climat Méditerranéen. Ces deux faits me paraissent curieux à rapprocher.

Mercredi 4 mars. — La rosée a été tellement abondante que mes deux premiers burnous en sont complétement imprégnés; le froid est aussi très-piquant.

Je quitte l'oued à quatre heures du matin et je monte sur une hamada également recouverte de pierres noires et brillantes. Je suis sur le point culminant, sur la dernière des six marches que j'ai aperçues, le 27 février, de l'oued Frenta; mes guides, qui n'ont plus de repères, errent un moment et ce n'est qu'à midi que nous trouvons un défilé, du nom de Moteleq-Tina-Kouche, qui donne accès dans l'oued *El-Djir* (de la chaux); il coulerait à ciel ouvert dans plusieurs endroits; une dayé le sépa.

de l'oued *Souf* (laine). Ce dernier a un lit de plus de deux mille mètres de large et une riche végétation ; une hamada, qui peut avoir de quinze à seize kilomètres de large, existe entre l'oued Souf et l'oued Sidi-Ahmed, où je m'arrête à huit heures du soir. Cet oued a aussi un lit d'au moins deux kilomètres de largeur et une végétation abondante et d'espèces variées.

Jeudi 5 mars. — J'ai observé, pendant la nuit, un bel halo lunaire ; je pars à trois heures du matin ; un vent terrible souffle du N. O., et le froid m'incommode.

Je traverse d'abord une hamada couverte de pierres de diverses couleurs, elle est nommée El-Arid ; ensuite une autre appelée *Echaab* (territoire raviné), remplie de pierres rougeâtres et qui paraissent contenir du fer. Sur les six heures, j'arrive à l'extrémité Sud de cette hamada, et la nuit nous surprend sans que nous ayons pu trouver un défilé pour en sortir.

Aujourd'hui, je n'ai voulu faire aucune halte et je suis cependant obligé, sans avoir aperçu l'oasis d'In-Çalah, dont je me sais tout proche, de camper par une nuit glaciale sur un rocher nu et exposé à tous les vents. Je m'y installe avec mes compagnons ; nous nous étendons à l'abri de nos montures, et nous partageons avec ces pauvres bêtes épuisées nos dernières dattes. *Nous sommes*, dit Bafou, *collés aux rochers comme des sauterelles surprises par le froid.*

OASIS D'IN-ÇALAH

La tradition et l'histoire sont d'accord pour assigner aux queçour qui forment l'oasis d'In-Çalah une construction récente ; je crois que la tradition et l'histoire se trompent, car il est peu probable qu'un endroit, dans la situation topographique de l'oasis d'In-Çalah, n'ait point été habité en même temps que les contrées auxquels il correspond naturellement et qu'il unit entre eux.

L'oasis d'In-Çalah, qui est à égale distance d'Alger au Nord, de Tombouctou au Sud, de Mogador à l'Ouest et de Tripoli à l'Est, doit donc exister depuis le jour où les gens d'Alger, du Maroc et de Tripoli, sont en relations régulières avec les contrées que baignent le Niger, car c'est là le point central où se rencontrent presque toutes les routes qui unissent le Nord du Continent Africain au Soudan de l'Ouest et font de cette oasis le véritable carrefour de l'Afrique occidentale.

C'est à cette situation exceptionnelle qu'In-Çalah doit son importance commerciale ; cette place est le lieu où viennent transiter les marchandises destinées à l'approvisionnement de Tombouctou et du Soudan occidental, et les productions du Soudan qui sont ensuite amenées dans l'Afrique du Nord.

Le nom de cette oasis est composé de la préposition berbère *In*, qui veut dire *de*, et de *Çalah* nom d'homme; cela signifie donc le pays, la ville de Çalah.

Cette oasis d'In-Çalah avait été vue avant moi.

1° En 1825-26, par le major anglais Gordon-Laing, qui y séjourna du milieu de décembre 1825 au 10 janvier 1826, en se rendant à Tombouctou, et en détermina la position au moyen d'observations astronomiques (27° 11' de lat. Nord et 2° 15' long. Est de Greenwich = 0° 5' 10' Ouest de Paris). Les seuls faits positifs connus du voyage du major Laing à In-Çalah sont contenus dans des lettres publiées dans la *Quarterly Review*, tomes XXXVIII, XXXIX, XLII.

2° Par l'allemand Gérhard Rohlfs qui, en 1864, a séjourné dans l'oasis du 17 septembre au 29 octobre. Aug. Perterman a publié le journal de voyage de cet intrépide voyageur, et nous devons à notre célèbre géographe, **V.-A. Malte-Brun**, un résumé (1) complet de cette importante exploration élucidée d'une excellente carte. Mais le voyageur anglais venait de Ghadamès et se rendait à Tombouctou; l'Allemand, du Tafilalet, et il rentra en Europe par Ghadamès. Ni l'un ni l'autre n'avaient donc reconnu la route de l'Algérie à l'oasis d'In-Çalah, et nos itinéraires n'ont de commun que le point d'arrivée In-Çalah, car nous sommes partis l'un de

---

(1) Résumé historique et géographique de l'exploration de Gérhard-Rohlfs au Touat et à In-Çalah, par V.-A. Malte-Brun, 1 vol. in-8°, Paris, Challamel aîné, 1866.

l'Est, l'autre de l'Ouest et moi du Nord ; il reste aujourd'hui à explorer la route d'In-Çalah à Tombouctou ; j'espère bien le faire, *in cha allah*, dans un prochain voyage.

In-Çalah appartient au Tildikelt, le plus méridional des cinq groupes d'oasis qui constituent l'archipel auquel les géographes européens donnent le nom collectif de Touat (1). Le Tildikelt, d'après les indigènes, commencerait au puits de Zirara ; d'après les géographes européens, il ne doit commencer qu'au Sud des dunes d'El-Goléa. Le Tildikelt, comme tout le Touat, est peuplé en grande partie par des Berbères, parlant des idiomes congénères de ceux des Kabyles, des Beni-Mzab, des Touareg, etc.; par des nègres originaires du Soudan, esclaves ou affranchis et par des populations d'origine arabe, soit sédentaires, soit nomades.

In-Çalah, comme tous les centres berbères, est administré par une djemaâ ; mais à côté de cette autorité il existe une influence considérable dont se trouve investi le chef de la famille princière des oulad Bajouda de la tribu de oulad Hamou, qui doit à cette qualité d'être le Cheikh de cette tribu nomade, d'origine arabe.

---

(1) Cinq groupes d'oasis constituent l'archipel auquel l'on donne le nom collectif de Touat, forme berbère du mot *oasis*. Le Touat renferme de trois cents à quatre cents petites villes ou villages, à quelques journées de marche au Sud de nos possessions et qui embrassent, du Nord au Sud, une longueur de 300 kilomètres, et de l'Est à l'Ouest, une largeur de 160 kilomètres entre les méridiens d'Alger et d'Oran, sur la route directe de l'Algérie au Niger moyen. — **Henri Duveyrier.**

Les oulad Hamou, qui prétendent descendre des oulad Mohamed de Tripoli, sont la seule tribu de la contrée possédant des chevaux ; elle est de plus armée de fusils, armes peu répandues dans ces régions. Elle possède donc une force respectable, qu'elle emploie à la protection exclusive des caravanes d'In-Çalah et à la défense du territoire de l'oasis ; cette force est à la disposition du Cheikh des oulad Hamou ; celui-ci a en définitive le véritable pouvoir.

L'Hadj Abd-el-kader, qui est le chef actuel de la famille des oulad Bajouda et le Cheikh de oulad Hamou, est âgé de soixante-seize ans environ, (1874). Il avait donc vingt-six ans au moins quand le major Laing, qui, comme Livingstone, a toujours hautement avoué ses qualités d'européen et de chrétien, exemple que j'ai constamment suivi, séjournait à In-Çalah, où il était l'hôte aimé des parents d'Abd-el-kader. « Laing, connu dans le Sahara « sous le nom de *Er-Rais*, c'est-à-dire le capitaine, « était un homme au caractère chevaleresque, dont « les Africains, tant dans le Sahara qu'à Tombouc- « tou, honorent encore le courage et la loyauté. » **Henri Duveyrier**. L'Hadj Abd-el-kader aussi ne doit pas avoir contre les chrétiens les mêmes préjugés que ses compatriotes ; c'est du reste un homme très-intelligent ; il a su, quoique plus jeune de trois ou quatre ans que son frère, l'Hadj Mohamed, devenir le chef de sa famille et de sa tribu ; il exerce dans tout le Sahara une grande influence.

J'ai toujours pensé que les paroles qu'il adressa, en 1864, à Rolffs, qui voyageait sous le nom de Moustapha et en qualité de renégat, aussi bien que ce qu'il a dit à Mohamed-Ben-Messaoud, il n'y a que quelques jours et que j'ai rapportées page 221, ne sont qu'une rodomontade destinée à effrayer les chrétiens, car il redoute de voir son oasis annexée à l'Algérie.

L'Hadj Abd-el-kader, comme tous ses compatriotes du reste, est possédé du désir légitime de voir son pays conserver son indépendance et son autonomie; mais il veut surtout et avant tout que sa patrie et ses concitoyens aient une situation légale vis-à-vis de la France.

Aussi, en 1857, après la prise de Laghouat par les Français (1852), fit-il envoyer, par les habitants d'In-Çalah, des mandataires à Alger chargés de négocier, avec le gouvernement général, un traité analogue à celui qui avait été accordé au Mzab, en 1853. Ces ambassadeurs devaient offrir de payer un impôt et de reconnaître la suzeraineté de la France; ils furent obligés de quitter Alger sans avoir pu passer de traité. Ils avaient, du reste, été bien reçus; ils partirent avec des cadeaux qu'on leur avait faits et emportèrent pour soixante-dix mille francs de marchandises qu'ils avaient achetées à Alger et payées comptant en pièces d'or françaises. Je tiens ces détails de M. O'Mac-Carty, qui eût presque constamment ces Touatia pour hôtes pendant leur séjour à Alger.

Depuis ce moment, tout le monde à In-Çalah et au Touat craint d'être conquis par la France. Cette région du Touat formait anciennement une confédération indépendante et elle ne reconnaissait aux empereurs du Maroc qu'une suprématie religieuse, due à leur qualité de chériff, reconnaissance qui se traduisait par l'envoi, à des époques indéterminées, de dons volontaires de la part de la confédération, espèce de denier de St-Pierre offert aux Chorfa de Fez. Aujourd'hui cette suprématie religieuse s'est augmentée de la suprématie temporelle, et cela à partir du moment (1861) où le commandant Colonieu et le lieutenant Burin, revêtus l'un et l'autre de leurs uniformes d'officiers français, se présentèrent devant Timimoun avec une caravane nombreuse et bien armée.

Ces populations du Touat, qui s'étaient vu refuser, en 1857, par la France, un traité qui les aurait reconnues tributaires, mais en respectant leur autonomie, virent dans la démarche pacifique du commandant Colonieu les préliminaires d'une conquête et elles avisèrent immédiatement à avoir vis-à-vis de la France une situation légale.

Aussitôt après le départ de la caravane du commandant Colonieu, un tribut de cinq mille douros et de vingt jolies esclaves noires fut réuni par les gens du Touat et adressé au sultan du Maroc dont ils avaient jusque-là refusé de reconnaître l'autorité. Ils sollicitaient aussi la protection de l'Empereur contre les éventualités d'une occupation française, protection qui leur fut promise par lettre du sultan. (Voyez *Résumé historique et géographique de l'exploration de Gerhard-Rohfs*, par V.-A. Malte-Brun, page 106).

Hadj Abd-el-kader qui est, nous l'avons vu, le véritable chef politique de l'oasis, a de plus dans ses mains le pouvoir religieux le plus important de la contrée. Toute l'Afrique occidentale, on le sait, est couverte par des confréries religieuses ; ces sortes de sociétés qui sont analogues, je l'ai déjà dit, et aux tiers-ordres de l'Europe catholique, et aux loges maçonniques, ont, dans le Sahara, une grande puissance; elles la doivent à leurs nombreux adeptes appartenant à toutes les classes de la société et répandus partout. Hadj Abd-el-kader est pour l'oasis d'In-Çalah le mokadem de l'un de ces ordres, celui de Mouley-Taieb.

Cette confrérie de Mouley-Taieb a pour grand-maître un chériff d'Ouazzan, appartenant à la famille régnante du Maroc et demeurant à Tanger; elle compte de nombreux affiliés à Mogador, Tanger, tout le Touat et une portion du Sahara algérien, où elle exerce une influence rivale à celle des oulad Sidi-Cheikh. Les membres de cette confrérie se reconnaissent à un anneau de cuivre qu'ils portent passé dans leurs chapelets *(sebha)*.

Le *Deker* (manière de prier) de Mouley-Taieb consiste à répéter deux cents fois par jour l'oraison suivante:

« O Dieu! la prière et le salut sur notre Seigneur
« Mohamed, et sur lui et ses compagnons, et sa-
« lut. »

La confrérie de Mouley-Taieb a été fondée par un chériff du Maroc, du nom de Mouley-Edris, sous le règne de Mouley-Ismaël (au XVIIe siècle de notre ère); elle a pris le nom de Taïeb, à cause de l'éclat jeté sur elle par ce chef. C'est lui qui prédit, dans une prophétie célèbre, que leur ordre dominerait un jour dans les pays de l'Est après en avoir chassé les conquérants infidèles. On attribue à Mouley-Taieb une quantité considérable de miracles; il guérissait les malades et ressuscitait les morts. Parmi ses successeurs les plus illustres on cite Mouley-Ali et l'avant-dernier Kalifa-Hadj-El-Arbi.

« On ne croirait pas, dans notre société refroidie
« à l'excès par le positivisme, aux scènes qui se
« passent à Ouazzan. Quel prestige comparable à
« celui que Sidi-El-Arbi exerçait sur les foules !
« Cet homme, d'une obésité monstrueuse, était
« porté par huit mules dociles dans une litière
« couverte d'un ombrello, qui devenait la nuit une
« tente de campagne. Or, il n'était pas rare que
« huit ou dix mille personnes se précipitassent à
« sa rencontre. Quand on ne pouvait baiser sa robe
« ou sa litière, on baisait la corde des mules. Des
« mains du chériff partaient de longs cordons qui
« se déroulaient à travers les rangs pressés de la
« multitude, et chacun, après avoir imprégné ses
« lèvres sur cet objet béni, déposait son offrande au
« *chouari* (panier) des mules conduites par des col-
« lecteurs attitrés. Ceux-là seuls qui pouvaient
« offrir au moins une centaine de piastres aspi-
« raient au bonheur de baiser la main sacro-sainte
« du chériff, et c'était presque une folie d'ambi-
« tionner la *Baraka* ou l'imposition des mains pour
« la bénédiction patriarcale, tant une pareille fa-
« veur est inappréciable. » **Léon Godard.**

Les Chorffa d'Ouazzan ont, on le comprend, des trésors immenses, provenant des aumônes faites par leurs fidèles; ils possèdent aussi des munitions d'artillerie et des pièces de canon; mais ce qui leur donne la plus grande puissance au Maroc, c'est le privilége dont jouit le Kalifa des Kouans de Mouley-Taieb de ratifier la succession au trône de l'empire par une sorte d'investiture.

La tribu des oulad Hamou, quoique d'origine arabe, a adopté la façon de se vêtir propre au Touareg; les autres habitants de l'oasis, berbères ou noirs, s'habillent de blanc, mais ils ont tous l'usage de se voiler la face avec une gaze noire ou blanche. Les femmes, contrairement à ce qui se passe dans le Tell, vont le visage découvert.

Il y a dans l'oasis d'In-Çalah, outre les oulad Hamou, une autre tribu d'origine arabe; elle n'a pas l'influence de la première; c'est celle des oulad Mohktar; leur chef est El-Hadj-Ahmed-Mahmoud. Les personnages les plus importants parmi eux sont : El-Hadj-Mohamed-Salmi, Bouhamana-ben-El-Hadj et Ben-El-Hadj-Abou, kadhi de l'oasis ; ils sont tous très-hostiles à la France, et c'est sur eux que s'appuient Bou-Choucha et ses sicaires. Le Kadhi Ben-El-Hadj-Abou surtout est un personnage fanatique et remuant.

Les oulad Mohktar reconnaissent la suzeraineté des oulad Sidi-Cheikh. Ces marabouts ont dans l'oasis une petite zaouia, située au queçar de Milianah (à qui, pour ce motif, Rohlfs a donné le nom de zaouia) et tenue par des zoua dit oulad Sidi-El-Hadj-Mohamed. Il y a aussi dans le Tildikelt une zaouia considérable des oulad Sidi-Cheikh ; elle est située à Foggara, queçar à une journée de marche au Nord d'In-Çalah, dans la direction de Ghadamès; elle se nomme zaouia *el-hadra* (la verte, la puissante); elle est aussi habitée par des oulad Sidi-El-Hadj-Mohamed.

Dans l'oasis d'In-Çalah, outre la zaouia de l'ordre de Mouley-Taieb et celle des oulad Sidi-Cheikh, il s'en trouve une troisième, très-importante, appartenant aux Bakkay de Tombouctou ; elle est gouvernée par un membre même de cette famille. Les Bakkay exercent une influence identique, entre In-Çalah et le Sénégal, à celle excercée par les Chorffa d'Ouazzan ; avec leur ordre de Mouley-Taïeb, entre Tanger et In-Çalah, les El-Bakkay se sont depuis longtemps mêlés aux oulad Bajouda, par de nombreux mariages ; aussi les rapports entre In-Çalah et Tombouctou sont-ils constants.

Les Tedjedjena d'Aïn-Madhi, dont j'ai eu l'occasion d'entretenir mon lecteur, dont l'influence est prépondérante dans tout le Sahara oriental et au Djebel Hoggar, sont aussi représentés dans l'oasis. Le Cheikh Othman, ce marabout Targui qui vint à Paris en 1862, et qui accompagna dans leurs explorations du Sahara MM. Ismaël Bouderba et Henri Duveyrier, avait à In-Çalah une maison dans laquelle se trouvaient toujours quelques-uns de ses disciples. On le sait, le Cheikh Othman, mokadem de la zaouïa de Temaçanin, était pour cette portion du Sahara le représentant autorisé des Tedjedjena.

Une portion de la population noire de l'oasis est esclave ou descend d'anciens esclaves ; elle forme, dans ce dernier cas, une catégorie spéciale connue sous le nom d'Atria. Les Atria sont des enfants d'esclaves nés dans l'oasis ; ils ne peuvent être vendus, mais ils ne sont point tout à fait libres, et constituent une sorte de caste qui n'est pas sans analogie avec les serfs du moyen-âge.

L'on rencontre aussi à In-Çalah des Touareg de diverses tribus, surtout au moment de la récolte des dattes. Les hommes d'une fraction même des

Touareg, celle des Sgomares, se construisent, pendant leur séjour dans l'oasis, de petites huttes en branches de palmier et doivent pour cela être compris dans les habitants de l'oasis d'In-Çalah.

JOURNAL DE VOYAGE

(Suite).

Vendredi 6 mars. — Le temps est sombre et pluvieux. Au jour, mes hommes trouvent un passage et je vois au fond de la gorge, au sommet de laquelle j'ai passé la nuit, un vallon à demi environné de montagnes, au milieu duquel se trouve une oasis couverte de jardins, de palmiers et de verdure; plusieurs seguia déversent leurs eaux le long des jardins qui se succèdent du Nord au Sud; au premier plan et à l'Est de coux-ci se détache un queçar situé environ à neuf kilomètres.

Me voici donc rendu au terme de mon voyage. Je monte vivement sur mon méhari et, suivi de mes compagnons, je me mets à descendre la pente qui mène à l'oasis; elle est formée par une large rigole creusée par l'eau des pluies, et dans laquelle se trouvent des pierres rougeâtres et rugueuses, de forme ronde, mêlées à du sable et à des cailloux roulés. Il est six heures trente du matin, lorsque je fais arrêter ma petite troupe devant les premières maisons du queçar de Millanah.

L'arrivée de cinq hommes sans bagages, armés

et montés ainsi que nous le sommes à une heure aussi matinale, et dans un moment où l'on ne s'entretient dans le Tildikelt que des partis de Berbères qui tiennent la campagne et ont déjà mis à contribution les plus importantes villes du Touat, nous fait encore une fois prendre pour l'avant-garde d'une de ces troupes, et nous produisons sur les habitants des premières maisons une terreur profonde ; ils fuient à notre approche et se réfugient dans le groupe principal des maisons situées à l'est du point ou nous nous arrêtons.

Nous sommes complétement seuls devant le queçar ; nous faisons halte devant une maison inachevée, à côté de laquelle on a extrait la terre nécessaire à la confection des *tobb* (briques crues) employés à sa construction, ce qui a laissé une excavation profonde.

En face de nous, se trouve une dune de sable, de cinquante à soixante mètres de hauteur, qui forme au sud du queçar de Milianah une séparation avec les autres queçour ; l'on ne peut les apercevoir qu'en gagnant le sommet de la dune.

A notre droite, à l'Ouest, se voient des jardins de palmiers, entourés de clôture en tobb et arrosés par des seguia ; à notre gauche, à l'Est, ainsi que je l'ai déjà remarqué ; le groupe principal des maisons du queçar.

C'est avec intention que je choisis le point sur lequel nous sommes, et où je fais décharger les méhara.

Nous nous adossons à la façade occidentale de la maison en construction. Elle peut avoir huit mètres de longueur ; ses murailles s'élèvent à cinq mètres environ ; en avant, et à quatre mètres de distance de cette façade, se trouve l'excavation dont j'ai parlé plus haut et qui se développe sur une largeur de six mètres, avec une profondeur d'un mètre cinquante, et une largeur de quatre mètres environ.

Ne sachant ce qui pourra m'arriver aujourd'hui et quel accueil me sera fait à In-Çalah (1), je crois prudent d'occuper une position défensive, qui, en cas d'attaque, nous permette de tenir le plus longtemps possible et de vendre chèrement notre vie.

Le fossé me fournit une bonne ligne de défense du côté des jardins ; la maison m'abrite du côté du queçar ; nos méhara vont s'allonger en dehors de l'enceinte.

Je fais préparer toutes nos armes contre le mur de la maison et à portée de notre main ; nous disposons de cinq fusils à deux coups, cinq revolvers quatre pistolets et deux sabres.

Les habitants du queçar, nous voyant faire notre installation, commencent à se remettre de leur frayeur ; quelques gamins, poussés par la curiosité, se rapprochent de notre campement ; Cheikh Ahmed demande à un petit nègre qui est parmi eux si Bahous est au queçar, Bahous est un ami du Cheikh, et il est le chef du queçar. Nous finissons par savoir que Bahous est à Milianah, et un enfant va le prévenir de notre arrivée.

---

(1) Dès le mois de juin 1873, j'avais affirmé à diverses reprises que si j'étais CERTAIN de pouvoir aller d'Alger à l'oasis d'In-Çalah par Laghouat, le Mzab, El-Goléa, j'étais INCERTAIN sur l'accueil que j'y recevrais. P. S.

Bahous ne tarde pas à venir et demande au Cheikh Ahmed quels sont les gens qui l'accompagnent ; celui-ci répond que ce sont tous des Chaamba. Mais Bahous, me désignant du doigt, répond : Et cet homme est-ce un Chaambi ? Le Cheikh Ahmed lui riposte, sur un ton qui ne permet guère la réplique, *qu'il lui plaît que tous les gens qui sont avec lui soient des Chaamba !*

Cet incident vidé, Bahous rentre au queçar et vient immédiatement suivi des habitants qui, remis de leur frayeur première, nous apportent la diffa, composée de dattes et d'eau, que nous acceptons, et en échange de laquelle je fais préparer du café qu'ils partagent avec nous.

Il est ensuite décidé qu'avant tout, et sans chercher à pénétrer dans les autres queçours, j'enverrai un messager à l'Hadj Abd-el-kader pour l'informer de mon arrivée.

Kaddour, domestique du Cheikh Ahmed, part monté sur son méhari et emporte avec lui :

1° Une lettre de la Chambre de Commerce d'Alger adressée à l'Hadj Abd-el-kader ;

2° Une lettre de l'Agha Mahomed ben Hadj Dris pour l'Hadj Abd-el-kader ;

3° Une lettre de Sliman ben Messaoud, Caïd de Metlili, adressée également à l'Hadj Abd-el-kader.

Il a ordre de les porter au queçar El-Arab, occupé par les oulad Bajouda, de les remettre à Ab-del-kader lui-même et d'attendre sa réponse.

Il est dix heures du matin, lorsque Kaddour nous quitte Son départ me laisse dans une grande anxiété : je ne puis m'empêcher de réfléchir aux paroles qu'avaient dites à deux reprises l'Hadj Abd-el-kader, depuis 1826, époque où le major Laing recevait l'hospitalité des Oulad Bajouda. Bien des événements se sont passés en Afrique qui ont pu faire d'Abd-el-Kader un homme fanatique, et il se pourrait que les menaces proférées par lui contre les chrétiens ne soient pas comme je le crois, de simples rodomontades.

Je pense aussi combien la portion de la population hostile aux Français doit avoir son fanatisme, surexcité, depuis la rentrée de Bou-Choucha victorieux. Je me rappelle le massacre de la garnison de Toughourth par ce même Bou-Choucha ; je ne puis m'empêcher de me souvenir de Laing, assassiné en septembre 1826, de Vogel, massacré en février 1856, et de tant d'autres qui ont payé de leur vie des tentatives analogues à la mienne. Toutes ces réflexions amènent dans mon esprit de bien tristes pensées, et, je l'avoue, je me suis surpris un moment ayant peur.

Je suis français et j'ai les défauts naturels à ma race ; j'ai lutté contre le choléra en 1867, à Tunis, où nous avions formé des ambulances ; j'ai fait dans l'armée régulière toute la campagne de France ; voilà bientôt dix ans que je voyage en Afrique. Je me suis donc déjà trouvé dans bien des circonstances périlleuses, et je crois m'en être toujours tiré avec honneur ; mais comme je suis aussi, grâce au ciel, doué de réflexion, j'ai reconnu que la bravoure chez moi, comme chez beaucoup de mes compatriotes, part d'un sentiment exagéré que nous avons de notre personnalité : nous croyons à chaque pas que nous faisons que l'univers tout entier a les yeux tournés vers nous, et nous nous laissons aller à une chose qui ne se rend bien que par un mot parisien, la *pose*. C'est un défaut de race, une sorte de péché originel : nos aïeux, les Gaulois, posaient lorsqu'ils combattaient, nus, parés de colliers d'or, contre les Romains bardés de fer ; les Gardes françaises posèrent à Fontenoy et Cambronne posa à Waterloo ; je pose peut-être, moi-même ici, en rappelant que j'avais peur le 6 mai 1874, dans l'oasis d'In-Çalah.

Quoiqu'il en soit, je m'imagine courir un danger réel, et je veux dans ce jour, qui peut bien être mon dernier, faire consciencieusement mon métier de voyageur. Jamais aussi mon carnet de voyage ne s'est couvert d'autant de notes que dans cette journée pour moi mémorable, car je le sais comme dit si judicieusement le baron Nau de Champlouis : « Celui qui va, au prix de ses fatigues, étu-
« dier un pays doit observer non-seulement pour
« lui-même, et pour ce qui l'intéresse plus directe-
« ment ; mais aussi pour ceux qui, dans les recher-
« ches plus calmes et plus réfléchies du cabinet,
« réunissent et comparent les faits qui leur sont
« rapportés. (1). »

Mes compagnons aussi sont tous tristes ; le Cheikh Ahmed seul fait bonne figure, quoiqu'il soit fort inquiet, comme il me l'a avoué depuis. Il faut pour relever le moral des Arabes de la viande ; elle produit sur eux le même effet que le vin ou l'eau-de-vie sur certains Européens. Je fais deman-

(1) Instructions générales aux voyageurs, publiées par la Société de géographie, page 87.

der à Bahous, s'il ne peut me faire vendre un animal quelconque. On me propose un jeune bouc ; je l'achète au prix d'un douro et demi.

Je profite de cette occasion, pour demander à Bahous quelles sont les monnaies les plus en usage dans l'Oasis. Il me dit : Celles de Tunis et du Maroc ont également cours. De tout temps aussi, on a recherché, sous le nom de *douro*, des pièces d'argent chrétiennes ; mais actuellement la monnaie la plus estimée à In-Çalah, Ghadamès Ghat, Tombouctou, dans tout le Sahara en un mot, c'est le douro français. Le douro s'y divise en vingt fractions, la pièce de vingt centimes est prise pour un vingtième de douro. Vu la pénurie de monnaie divisionnaire, qui fait souvent couper un douro en plusieurs morceaux du même poids, on change presque partout une pièce de cinq francs, pour dix-huit ou dix-neuf pièces de vingt centimes.

A propos des pièces françaises, Bahous me raconta l'anecdote suivante ; elle est très-caractéristique et indique bien la situation intérieure du Sahara à l'heure présente.

Il y a quelques années, au moment où les Français s'établissaient définitivement dans l'oasis de Laghouat, l'Hadj Abd-el-kader, Ould-Bajouda, réunit toutes les djemâa du Tildikelt, prit une pièce de cinq francs française, cracha sur l'effigie qui s'y trouvait, la jeta à terre, la foula aux pieds, et proposa d'infliger une punition sévère à tous ceux qui accepteraient une telle monnaie ; la proposition fut accueillie avec enthousiasme par l'assemblée.

Quelques temps après les plaintes du commerce furent telles, qu'Abd-el-kader dut réunir une nouvelle fois les djemâa pour leur proposer non une peine contre ceux qui accepteraient les pièces françaises, mais bien contre ceux qui les refuseraient.

Je vais ensuite parcourir les jardins qui sont en face de moi et prendre un bain dans une des seguia qui les arrosent ; ces jardins comme ceux du Mzab et de Laghouat, sont complantés de palmiers sous lesquels poussent divers arbres et légumes. On s'y livre aussi à la culture du séné, et l'on y récolte également des céréales ; elles sont déjà sciées.

L'eau court sous tout le sol de l'Oasis, du Nord au Sud, en quantité considérable, et comme elle est ici très-près de terre, l'on a creusé des bassins, ayant la forme d'un rectangle allongé, trois des parrois en sont construites avec des pierres sèches, mais celle qui est opposée au courant de l'eau est formée par un mur étanche d'une assez grande profondeur dans le sol. Il constitue un barrage et fait remonter les eaux, qui se déversent ensuite dans diverses rigoles, et servent à l'arrosage des jardins : c'est ce que l'on nomme une seguia.

Au fond d'un jardin ombragé de palmiers et de grenadiers, je vois une de ces seguia remplie d'une eau claire et limpide comme le cristal, je constate que je suis complétement seul, je me dépouille de mes vêtements, j'ai heureusement un morceau de savon sur moi, je lave mes guenadeur et mon seroûal, et je prends ensuite un bain pendant qu'ils sèchent au soleil.

Je trouve à l'état vivant, dans cette seguia, un petit coquillage (*melanoptis Marocana* dont j'ai parlé, page 249) ; cela me fait le plus grand plaisir : je sais que l'on ne manquera pas de dire dans un certain monde que je ne suis point venu jusqu'ici, et j'espère que cette coquille appartiendra à une espèce spéciale et sera une preuve de mon voyage.

A ce moment, j'étais loin de supposer, ainsi que je l'ai appris plus tard, que, pour nier mon voyage, on irait...... je me rappelle à temps, en écrivant ces lignes, que : « Lorsque notre haine est trop vive, « elle nous met au-dessous de ceux que nous haïs- « sons (**La Rochefoucault**), » et je me borne à renvoyer mon lecteur au rapport que j'ai adressé sur mon voyage à la chambre de commerce d'Alger, (Voyage de Paul Soleillet d'Alger à l'oasis d'In-Çalah, rapport présenté à la chambre de commerce d'Alger. — Alger, A. Jourdan, 1874), où se trouve aussi le récit de ma rentrée d'In-Çalah en Algérie, récit qui ne saurait entrer dans le cadre que je me suis tracé pour le présent volume.

Après m'être livré aux douceurs du bain, je me dirige vers la dune de sable qui sépare le queçar de Milianah des autres queçour de l'oasis. Du sommet de cette dune j'embrasse toute la région : In-Çalah est situé entre des collines de cent à cent dix mètres de hauteur et occupe une largeur moyenne de treize à quatorze cents mètres ; de l'endroit où je suis, j'ai le queçar de Milianah au Nord derrière moi ; devant moi j'ai les quatre autres queçour qui composent l'oasis, ils s'appellent : *Çalah-el Fogania, Çalah-el-Tatania, queçar Çalah, queçar El-Arab*. Je remarque aussi au Sud du queçar El-Arab un grand bâtiment carré, solidement construit. J'apprends plus tard que c'est la Casbah où demeure Hadj Abd-el-kader, ses frères et toute sa famille. L'horizon est fermé au Sud par des palmiers, à l'Ouest par des jardins ; dans une direction Sud à Nord existent de jeunes plantations dans un terrain fortement imprégné de sel. Je redescends vers Milianah ; les premières maisons de ce queçar peuvent être séparées de la base de la dune par une distance de cinq à six cents mètres.

Je rentre auprès de mes compagnons et nous causons avec Bahous pendant quelque temps ; il m'apprend différentes choses intéressantes.

Bou-Choucha a bien effectivement opéré un razzi au Nord d'Ouargla ; il est rentré à In-Çalah le 3 mars, ramenant avec lui cent cinquante chameaux. Les indications qui avaient été données par le pâtre à Mohamed ben Messaoud, le 28 février, étaient donc exactes, sauf le chiffre des chameaux (voyez page 243) qu'il se propose de faire vendre. Il s'est retiré à Massin, à deux journées au S. E. d'In-Çalah.

El-Hadj Abd-el-kader a fait publier dans tout le territoire de l'oasis la défense formelle d'acheter les chameaux provenant de ce razzi, menaçant ceux qui contreviendraient à cet ordre de faire saisir les chameaux achetés et de les rendre aux français.

Bahous me fournit aussi des renseignements sur la famille d'El-Hadj Abd-el-kader, qui est père de sept fils et de plusieurs filles ; son second fils, Mohamed, est en ce moment à Tombouctou, où il est marié à une fille des Bakkay. Il paraît devoir hériter du prestige et de l'autorité de son père ; on le considère généralement comme le futur Cheikh de l'oasis et de la tribu des oulah Hamou. Il me parle aussi de Sidi-Mustapha (Rohlfs), qu'il a vu au queçar El-Arab et de Er-Reis (Laing), vêtu de rouge, qui vint il y a longtemps.

J'obtiens peu de renseignements précis au point de vue commercial. Bahous me parle bien de nombreuses caravanes allant au Bornou, à Tombouctou et au Haoussa, et rapportant de ces contrées de l'indigo, de l'ivoire, de la gomme, de la poudre d'or, des plumes, des cornes de rhinocéros, des peaux, des parfums et des esclaves.

Mais les renseignements les plus intéressants qu'il me donne, c'est lorsqu'il m'indique les marchés sur lesquels vont se vendre ces différentes productions, qui, suivant leur nature, sont dirigées sur l'Ouest ou sur l'Est.

Les indigos sont expédiés sur Mourzouk, en passant par Ghadamès ou Ghat; de Mourzouk ils sont dirigés sur l'Egypte.

L'ivoire suit à peu près la même direction ; une certaine quantité cependant vient se vendre à Tripoli de Barbarie, où il existe des fabriques importantes d'objets en ivoire, tels que manches d'éventails (*merououha*), chasse-mouches (*mnechcha*), etc., qui sont renommés dans toute l'Afrique et le Levant.

Les plumes d'autruche vont toutes à Ghadamès par Tripoli.

Les gommes vont à Ghadamès par le Tafilalet.

Le commerce d'In-Çalah avec l'Algérie et le Mzab se borne presque à celui des esclaves qui sont ici, qui le croirait, généralement dirigés sur l'Algérie. La raison en est qu'on trouve à les y vendre contre des douros, l'argent monnayé étant en bien plus grande quantité chez nous qu'ailleurs. Du reste,

17

après avoir vendu leurs nègres et leurs négresses, ils repartent avec leur argent et vont acheter, à Gadhamès ou dans les villes de Tafilalet, les produits manufacturés de l'Europe ; ils les y trouvent à meilleur marché qu'en Algérie, je l'ai déjà dit et j'en ai donné la raison, page 164.

Il se fait aussi entre In-Çalah et le Mzab un autre genre de trafic et ce n'est point celui qui rapporte le moins ; il consiste à aller échanger de l'or monnayé contre de l'argent monnayé. Ici, le change entre l'or et l'argent atteint quelquefois cinquante pour cent.

Tout en causant, la nuit arrive et Kaddour ne rentre pas ; grande est mon anxiété ; je le vois enfin revenir ; il m'apporte une lettre de l'Hadj Abd-el-kader et de son frère l'Hadj Mohamed. Ils me prient l'un et l'autre de sortir de l'oasis, à moins que l'empereur du Maroc m'ait donné par écrit l'autorisation expresse d'y séjourner, car, me disent-ils, nous sommes sujets marocains. Ils me parlent aussi des dangers que je courrais en restant plus longtemps sur leur territoire.

Quand Bafou, le secrétaire, a fini de lire la lettre, Kaddour me rend compte en détail de son ambassade. Il s'est d'abord rendu, ainsi que je le lui avais prescrit, à la Casbah d'El-Hadj Abd el-kader et lui a remis les lettres dont il était porteur. L'Hadj lui dit d'aller dans une autre pièce attendre sa réponse. Une ou deux heures après, mon messager est rappelé et l'Hadj Abd-el-kader lui remet une lettre pour moi. A ce moment El-Hadj Mohamed arrive et demande ce que vient faire Kaddour ; les deux frères parlent un moment à voix basse, ensuite l'Hadj Abd-el-kader demande à Kaddour de lui rendre sa lettre, lui ordonne de l'attendre et il se retire avec l'Hadj Mohamed. Au bout d'un moment, il revient, tenant à la main une nouvelle lettre. En même temps plusieurs membres des djemaâ des divers queçour entrent, demandent ce que vient faire Kaddour et posent diverses questions aux deux frères. Alors ceux-ci dont l'autorité est momentanément ébranlée par la présence de Bou-Choucha à Maïm, disent qu'il faut se réunir à la mosquée ; ils y vont tous ; l'on y reste longtemps à délibérer, et ensuite l'on remet à mon messager la lettre qu'il vient de me donner.

Je veux tenter une dernière démarche et je fais écrire par Bafou une nouvelle lettre à l'Hadj Abd-el-kader et à l'Hadj Mohamed, où je leur dis :

« Je reconnais très-bien la suprématie de l'Em-
« pereur du Maroc sur les territoires d'In-Çalah ;
« je ne viens que pour m'occuper de commerce et
« je demande des réponses aux lettres de la cham-
« bre de commerce d'Alger, de l'agha Mohamed
« ben Hadj Dris et du caïd Sliman ben Messaoud.
« Je termine en déclarant que, jusqu'au moment où
« je quitterai le pays, je suis sous leur sauvegarde
« et sous celle de Dieu. »

Mes compagnons de route sont terrifiés, aucun ne veut se charger de ce message ; le Cheikh Ahmed ben Ahmed seul s'offre. Je ne puis compter que sur lui, dans le cas où je serais attaqué ; le laisser partir serait commettre une grave imprudence ; je le remercie et le garde près de moi. Bahous, le Cheikh du queçar est appelé ; il consent à porter ma lettre ; je lui promets une généreuse récompense s'il revient avec une réponse favorable.

Il part à neuf heures du soir et revient à onze heures et demie ; il a discuté longuement avec les deux frères ; ils n'ont pas même voulu ouvrir ma lettre ; ils me font dire de partir immédiatement, sans quoi ils ne répondent pas de ce qui pourrait résulter de l'état de surexcitation dans lequel se trouve la population qui a appris ma présence dans l'oasis.

Je veux encore essayer de parlementer, rester jusqu'au jour dans l'oasis ; mes hommes, de plus en plus effrayés, sont pris d'une véritable panique ; ils montent sur les méhara qui ont été rechargés et partent en avant sans vouloir entendre mes explications.

Mon intention un moment est de partir seul pour me rendre à la Casbah de l'Hadj Abd-el-kader ; mais la raison me fait renoncer à un projet vraiment insensé ; je me décide enfin à remonter sur mon méhari, et je pars le dernier et le cœur serré de cette terre promise que je n'ai pu qu'entrevoir.

TABLE DES MATIÈRES

Pages.

Dédicace . . . .

Première Partie.

I	Introduction	1
II	Oasis de Laghouat	5
III	Les queçour du Djebel-Amour	29
IV	Aïn-Madhi et les Tedjedjena	47
V	Les Beni-Mzab	69
VI	Les Chaamba	85
VII	Alger	89

Deuxième Partie.

D'Alger à l'oasis d'In-Çalah.

(Journal de Voyage).

Lundi 29 décembre 1873. Départ d'Alger arrivé à Médéah 93
Mardi 30 décembre. Séjour à Médéah. Le général comte de Loverdo 94
Mercredi 31 décembre. La ville de Médéah . . . 95
Jeudi 1er janvier 1874. Départ de Médéah. Arrivée à Boghari 96

BOGHARI.	99
LE SAHARA.	105
VENDREDI 2 JANVIER. Promenade à Bogard.	109
SAMEDI 3 JANVIER. Mouvement commercial de Boghari.	110
DIMANCHE 4 JANVIER. Le queçar de Boghari.	111
LUNDI 5 JANVIER. Arrivé du Chériff Molay-Ali.	111
MARDI 6 JANVIER. Visite à l'Hadju Daoud ami du queçar de Boghari.	112
MERCREDI 7 JANVIER. Correspondance.	113
JEUDI 8 JANVIER. Départ de Boghari. — Boussedraia et l'exploitation de l'alfa. — Le rocher de sel. — Arrivée à Djelfa.	114
VENDREDI 9 JANVIER. Séjour à Djelfa.	116
DJELFA ET LES OULAD NAÏD.	117
CÉRÉMONIE RELIGIEUSE DES NOIRS A DJELFA.	121
MARDI 13 JANVIER. Départ de Djelfa.	127
MERCREDI 14 JANVIER. Arrivée à Laghouat.	127
PRÉPARATIFS DE DÉPART. Équipement. — Campement. — Provisions. Nouvelles de Bou-Choucha et des Berbères révoltés.	128
DIMANCHE 25 JANVIER. Départ de Laghouat. Arrivée à Ras-Chaab.	137
LUNDI 26 JANVIER. De Ras-Chaab à la dayé de Nili. Hospitalité de l'Hadj-Taieb des Laarba.	138
MARDI 27 JANVIER. De la dayé de Nili à la dayé El-Mitat.	143
MERCREDI 28 JANVIER. De la dayé El-Mitat au puits Belloua.	143
JEUDI 29 JANVIER. Du puits Belloua à Gardaya.	144
VENDREDI 30 JANVIER. Les Juifs de Gardaya.	146
SAMEDI 31 JANVIER. La ville de Gardaya.	154

Dimanche 1er février. La ville de Ben-Isguen... 159
Lundi 2 février. La ville de Bou-Noura. La ville de Melika.................. 165
Mardi 3 février. Départ de Gardaya. — Émeute à Ben-Isguen. — Arrivée à Metlili........ 166
Metlili........................ 170
Mercredi 4 février. Journée passée dans les jardins du caïd Sliman. — Jeux. — Fantasia... 171
Jeudi 5 février. Arrivée du Cheikh Ahmed-ben-Ahmed...................... 173
Vendredi 6 février. Séjour à Metlili........ 175
Samedi 7 février. Départ pour Ouargla....... 176
Dimanche 8 février. Sur la route d'Ouargla..... 178
Lundi 9 février. Arrivée à Ouargla........ 179
Sidi-Mohamed-ben-Hadj-Dris. Agha d'Ouargla.. 180
Mardi 10 février. Mohamed-ben-Amadou d'In-Çalah....................... 183
Mercredi 11 février. L'oasis d'Ouargla...... 185
Jeudi 12 février. Départ d'Ouargla........ 192
Vendredi 13 février. Sur la route de Metlili... 192
Samedi 14 février. Arrivée à Metlili. — Le Chériff Mouley-Mohamed et la médecine dans le Sahara....................... 192
Dimanche 15 février. Correspondance....... 197
Lundi 16 février. Les raggab (courriers) du Sahara. — Départ de Metlili. arrivée à Sebseb... 198
Mardi 17 février. De l'oued Sebseb à l'oued Tuill. — Douar du Cheikh Ahmed-ben-Ahmed.... 201
Mercredi 18 février. Séjour dans les tentes du Cheikh Ahmed.................. 205
Jeudi 19 février. Départ pour In-Çalah. — De l'oued Tuill à l'oued Botma............ 205
Vendredi 20 février. De l'oued Botma à l'oued

Atgueir. — Caravane de Chaamba El-Mouadhi.	209
SAMEDI 21 FÉVRIER. De l'oued Atgueir à l'oued Djedid. Abd-el-kader-ben-Saïd et son mouton...	212
DIMANCHE 22 FÉVRIER. — Récolte de sauterelles. De l'oued Djedid au puits de Zirara. Rencontre de Mohamed-ben-Messaoud. Rébellion de ma caravane. Arrivée à Aamoude.	217
LUNDI 23 FÉVRIER. — Hadj Amar-ben-Bousseta et Sidi-Hamza. D'Aamoude à El-Fed.	223
MARDI 24 FÉVRIER. D'El-Fed à El-Goléa.	226
OASIS D'EL-GOLÉA.	229
MERCREDI 25 FÉVRIER. Séjour à El-Goléa.	235
JEUDI 26 FÉVRIER. Préparatifs de départ.	236
VENDREDI 27 FÉVRIER. Départ d'El-Goléa, arrivée à l'oued Frenta.	237
SAMEDI 28 FÉVRIER. De l'oued Frenta à l'oued El-Brig-El-Guerbi.	242
DIMANCHE 1er MARS. De l'oued El-Brig-El-Guerbi à l'oued Allal.	244
LUNDI 2 MARS. De l'oued Allal à l'oued Moukramla.	245
MARDI 3 MARS. De l'oued Moukramla à l'oued Aflissat.	245
MERCREDI 4 MARS. De l'oued Aflissat à l'oued Sidi-Ahmed.	249
JEUDI 5 MARS. De l'oued Sidi-Ahmed à l'Hamada-Echaab.	250
OASIS D'ID-ÇALAD.	251
VENDREDI 6 MARS. Séjour dans l'oasis d'In-Çalah au queçar de Miland.	263

FIN DE LA TABLE

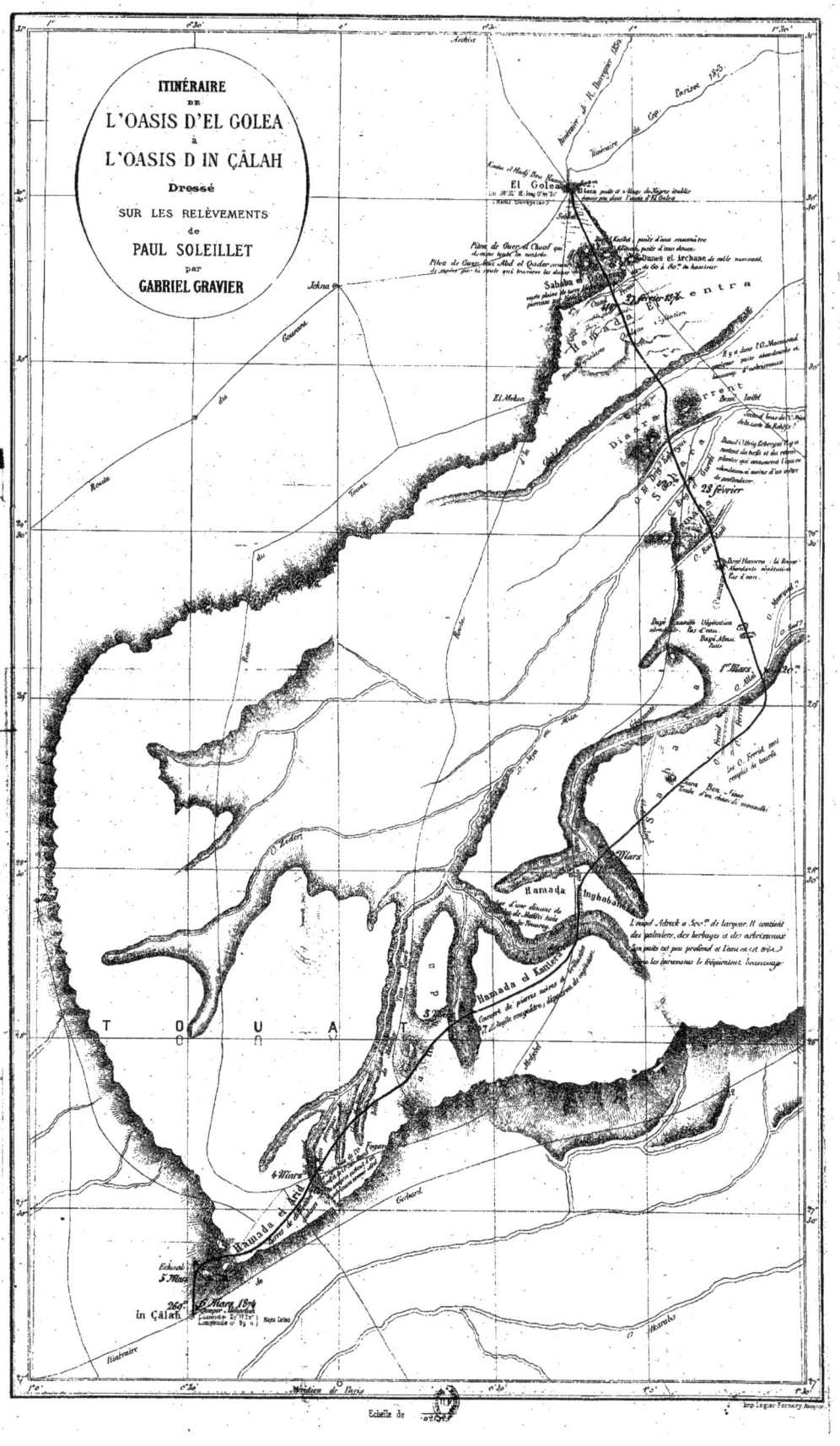

ERRATA

Pages	lignes	au lieu de	lire
1	19	à pied	de mon pied
42	5	de cygne	de pierre

www.ingramcontent.com/pod-product-compliance
Lightning Source LLC
Chambersburg PA
CBHW070541160426
43199CB00014B/2321